世界珠宝品牌简史

任 进 巫金津

编著

图书在版编目（CIP）数据

世界珠宝品牌简史/任进，巫金津编著.——武汉：中国地质大学出版社，2016.9（2021.9重印）

ISBN 978-7-5625-3900-1

Ⅰ.①世⋯
Ⅱ.①任⋯②巫⋯
Ⅲ.①宝石–品牌–经济史–世界
Ⅳ.①F416.89

中国版本图书馆CIP数据核字（2016）第233367号

世界珠宝品牌简史		任 进　巫金津　编著
责任编辑：阎 娟	选题策划：张 琰	责任校对：周 旭

出版发行：中国地质大学出版社（武汉市洪山区鲁磨路388号）	邮政编码：430074
电　　话：（027）67883511　　传　　真：（027）67883580	E-mail:cbb@cug.edu.cn
经　　销：全国新华书店	http://www.cugp.cug.edu.cn

开本：787毫米×1092毫米　1/16	字数：365千字　印张：14.25
版次：2016年9月第1版	印次：2021年9月第4次印刷
印刷：湖北睿智印务有限公司	印数：5001–7000册
ISBN 978-7-5625-3900-1	定价：68.00元

如有印装质量问题请与印刷厂联系调换

序

——漫漫大牌路

多年来，我一直在研究这些珠宝大牌的成长史，试图从他们由小到大、一步一步成为大牌的发展过程中，找到他们必经的路和成功的经验。到底是什么把他们造就成了这样一个似乎永远在潮流的顶端漂浮着、被世人普遍膜拜的品牌？

纵观各个大牌形成的过程，不难发现，他们都有一个共同点，就是有一个天才创始人，正是这位伟大的创始人决定了品牌的发展方向，推动着品牌走向成功。查尔斯·路易斯·蒂芙尼创造了营销经典，路易—弗朗索瓦·卡地亚专攻于王室权贵，菲德烈克·宝诗龙追求自然美好的事物，索帝里奥·宝格丽顺应着市场动向，查尔斯·雅宝对结构创新的热情，御木本幸吉一生的坚韧而执着，马里奥·布契拉提对意大利经典雕金工艺的再造，海瑞·温斯顿的宝石评估能力，佛杜拉与生俱来的高雅气质和贵族情趣，汉斯·史登对彩宝的钟爱，伊利亚斯·莱拉渥尼斯对传统金饰的推崇……每个创始人身上的特质决定了品牌的风格，造就了一个辨识度很高的、让世人尊崇的品牌。每一个卓越的品牌都有一个精神的核，而这个核就是品牌创始人，他像一种无形的力量引领着品牌前进的方向。

这次应邀前往瑞士参加巴塞尔国际钟表珠宝展，让我近距离地接触了这些大品牌，也使我进行了更深入的思考。品牌是怎样形成的？我们和大牌之间的距离到底有多远？

在展览中，我们能够看到许多大家并不熟悉的品牌，也有五十年以上的历史了，他们还在品牌路上走着，也许他们仅仅在自己的国家、在很小的区域内有人知道，他们还没有成为世界级的品牌。在欧洲，不缺少珠宝首饰和钟表的消费文化，不缺少精美的制作技艺，也不缺少消费市场的资金支持，甚至不缺少品牌运作的高手，为什么他们还在坚持着那些看似很基础、很艰苦的工作呢？比如接受电视台采访、出席展示活动、办小型发布会……看起来甚至不如我们国内的一些新兴品牌做得"高大上"。他们竟然这样走了五十年！他们逐渐建立起自己的产品特色，最后形成自己的独立风格。他们是品牌，但不是大牌。他们离大牌差点儿什么呢？

我从事珠宝设计已经有二十多年了，这二十多年也是中国整个珠宝设计的起步阶段。二十多年前，中国在这方面是零水平。我们在抄袭和学习的过程中迅速成长，似乎很快就到达了一个跟世界水平相当接近的程度。比如说，我们用的宝石够大了，我们的销售额不低了，全世界的高档珠宝几乎都是中国人在买。到欧洲各个名店看，没有中国人的消费，几乎就会陷入停滞状态，可见我们也不缺消费人群。可为什么人们都宁可去买那些贵的国际大牌，而不买中国这些便宜的小品牌呢？其原因就是一个"信"字，因为大牌和普通品牌带给人的信任度完全不同。

信任是双方的，一方面是品牌本身的质量水平和坚持时间的长短。做一件漂亮的首饰并不难，长期保持高质量就很难达到了，就像毛主席说过的那句话，一个人做点好事并不难，难的是一辈子做好事，不做坏事。只有保持长期稳定的优质，才会被人信任。这个过程需要经过时间的考验。

　　就像一个大力士，让他举起百斤重物，他可以猛发力，高举过肩；但是让他举一根稻草，一直举一天，也很难坚持。所以，当我们无限量地增加时间的时候，是"牌"不是"牌"，是不是"大牌"也就显现出来了。只要坚持高品质，今天的"小牌"将来可能成为"大牌"，如果坚持不住，"大牌"也可能就变成了"小牌"，甚至被淘汰。我们现在看到的"大牌"，都是经过历史考验留存下来的。千千万万个当时有过，甚至风行一时的品牌现在都看不到了，就是因为他们没有坚持住，是时间把他们淘汰了。

　　另外一个方面不得不提，品牌是在市场上运作的，真正的大品牌，一定是被市场广泛接受的。市场承认大牌的高端，愿意接受较高的附加值，是因为它能带给顾客更高的超值心理感受，这能使其售价超过它原料成本很多倍。要实现一个大品牌就要培养自己的顾客群。如果你没有相对稳定的顾客群，你就不可能成为这样的大牌。海瑞·温斯顿、佛杜拉顾客不多，但是这些忠诚度很高的大顾客抬升了他们的销售额。也有一些相对大众化的品牌，比如蒂芙尼、卡地亚都已经做得很大众化了，有几百个店在全球运行，一年有数十亿美元的销售额，现在所达到的这种高度正是因为他们做了很好的品牌宣传和客户群服务工作，也就是说，如果没有这样的客户群，品牌无从谈起，只有针对自己的客户群，进行深入细致和不懈的努力，不断增加新的客户，品牌才能不断发展，逐渐形成大牌。

现在已经是"90后""00后"的主消费时代了，很多中国珠宝品牌还在做二十多年前的产品，年轻人能喜欢吗？当然，一个品牌面对挑战要定位、再定位并不容易，这是一条非常崎岖的路，需要不断地调整和改变。但是你总该有一个独特的味道，就好比川菜馆，如果总没有新菜，老客户也会觉得腻烦，不再来了，而新客户也可能因为你没有传统的拿手菜，根本不来品尝。然而不管你怎么变，辣椒和花椒作为主体的这个重口味的川菜，永远是你不能丢的正宗味道。这个味道，就是品牌的核心。大品牌没有丢掉这个核心。变化中，保留着自己固有的东西。固有的文化、固有的品味、固有的审美高度，正是因为有这些才使得品牌长存。

珠宝首饰行业是一个古老的行业，几百年的历史它都能走过来，应该还能走下去。和许多转瞬即逝的时尚行业不同，相信这个行业是值得我们一代一代传下去的。做成一个大品牌，可能我们需要三代人，也许第一代只能初步完成原始资本积累、技术积累和人才积累，到第二代才可能扩张，第三代才可能提升。能让三代人、甚至是更多后人去继续努力玩下去的游戏是不是才是一个好游戏呢？既然它是一个漫长的游戏，我们就慢慢玩呗。细细品味其中的乐趣，你的思想会在玩的过程中不断升华，这才符合我们这个行业的特点。

当然，宝石是历经亿万年形成的大自然的精华，我们能不能创作更多绝妙的作品与之相配套呢？既然我们投入了一个"一颗永流传"的行业，那么为何不慢慢来做，而非想要不切实际地一夜成名呢？

任进

2016 年 6 月

深圳颐园别墅

目 录

第 1 章 蒂芙尼 Tiffany&Co.

1.1 四块九毛八   4

1.2 皇后的珠宝商   5

1.3 营销大师   6

1.4 好设计就是好生意   10

1.5 蒂芙尼的早餐   14

1.6 从并购到重生   16

第 2 章 卡地亚 Cartier

2.1 立地成佛   24

2.2 三驾马车   25

2.3 小豹子   31

2.4 温莎公爵夫人   32

2.5 两个传奇   34

2.6 横行于世   34

第3章 宝诗龙 Boucheron

3.1 清新脱俗 师从自然   42

3.2 内衣外穿   43

3.3 旺多姆广场   44

3.4 弄潮儿   45

3.5 王室的宝藏   48

第4章 宝格丽 Bvlgari

4.1 银匠世家   56

4.2 贵族旅游岛   58

4.3 百年旗舰店   60

4.4 群星璀璨   62

4.5 宝格丽括号   64

第5章 梵克雅宝 Van Cleef & Arpels

5.1 亲上加亲   74

5.2 联姻联营   75

5.3 隐秘镶   76

5.4 大画家   79

5.5 伊朗皇后   80

5.6 大战前夕   84

第 6 章　御木本 Mikimoto

6.1　面馆少年　　　　　　　　　　92

6.2　蚌壳的眼泪　　　　　　　　　94

6.3　他疯了　　　　　　　　　　　96

6.4　日本创造　　　　　　　　　　98

6.5　珍珠明灯　　　　　　　　　　100

6.6　和风徐徐　　　　　　　　　　102

第 7 章　布契拉提 Buccellati

7.1　拜师学艺　　　　　　　　　　112

7.2　雕金王子　　　　　　　　　　114

7.3　大师传三代　　　　　　　　　116

7.4　艺传天下　　　　　　　　　　120

7.5　多情的礼物　　　　　　　　　121

7.6　黄金蕾丝　　　　　　　　　　122

第 8 章　海瑞温斯顿 Harry Winston

8.1　淘宝神童　　　　　　　　　　130

8.2　一个人的珠宝店　　　　　　　131

8.3　识人难　　　　　　　　　　　132

8.4　信任就是资本　　　　　　　　135

8.5　要钻石不要婚姻　　　　　　　138

8.6　钻石花　　　　　　　　　　　139

8.7　新东家　　　　　　　　　　　140

第 9 章　佛杜拉 Verdura

9.1　小公爵　148

9.2　从巴黎到纽约　149

9.3　珠宝沙龙　153

9.4　达利艺术首饰制作人　154

9.5　有故事的首饰　156

9.6　空前绝后　161

第 10 章　H. 史登 H.Stern

10.1　小难民　168

10.2　小店到大店　170

10.3　首饰是怎样做成的　172

10.4　一门三杰　175

第 11 章　莱拉渥尼斯 Ilias Lalaounis

11.1　黄金世家　182

11.2　施里曼的故事　183

11.3　旧与新　186

11.4　宝藏　188

11.5　船王的最爱　189

11.6　四大美女　190

后 记

任进 RENJIN

难忘的记忆 198

专业的选择 202

职业设计师 204

永远的设计师品牌 207

关于风格 208

好玩儿 210

路还很长 211

参考文献 213

TIFFANY & CO.

蒂芙尼

美国·1837

Tiffany & Co.

蒂芙尼

美国 · 1837

- Tiffany & Co. -

1. 蒂芙尼品牌创始人：查尔斯·路易斯·蒂芙尼； 2. 路易斯·康福特·蒂芙尼； 3. 查尔斯在店中工作； 4. 蒂芙尼旗舰店

1.1 四块九毛八

早在 17 世纪，查尔斯·路易斯·蒂芙尼（Charles Lewis Tiffany）的祖父从爱尔兰移民到了美国，祖辈务农，靠天吃饭。到了父辈，家里开始涉足轻工业，查尔斯的父亲开设了一间纺织厂，工厂挺小但生意不停歇。16 岁的查尔斯给家里的纺织厂帮工，时常到纽约购置工厂生产所需的材料和工具，接触到纽约繁华景象的查尔斯心生做生意的想法，他开始琢磨着做点买卖挣钱，不管怎样，他想在纽约留下来。

1837 年 9 月 21 日，20 岁的查尔斯和他的好兄弟约翰·扬 (John Young) 在纽约的百老汇开设了一家小杂货铺，挂牌 Tiffany & Young。在一家不起眼的小铺子里，出售文具、礼品、雨伞、手杖，各种杂货应有尽有。营业第一天，以 20 件货品和 4.98 美元的营业额宣告蒂芙尼开业。

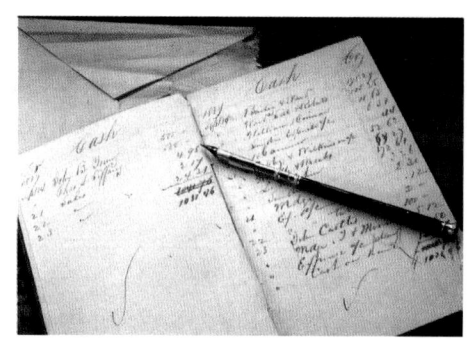

蒂芙尼的账本，开业首日营业额 4.98 美元

蒂芙尼早期产品图册

1.2　皇后的珠宝商

生意不景气，查尔斯苦苦寻找商机，一心想要扩大经营品类。在当时，欧洲王室的珠宝品质优良，大洋彼岸新兴的美国富商们渴望拥有象征上流社会的珠宝作为对自己价值的肯定，彰显自己的经济实力和社会地位。眼光独到的查尔斯准确洞察到了顾客内心深处的渴求，1848年正值欧洲革命风暴，这位精明的商人广开门路搜罗欧洲没落贵族的珠宝，倒卖给美国新贵。

随着法兰西第二帝国的覆灭，到了1887年，法国大革命期间被没收的法国皇室的所有皇冠和珠宝，被新政府拿出来拍卖。其中，最为人津津乐道的便是皇帝拿破仑三世的妻子——欧仁妮皇后（Eugénie de Montijo）的宝物。欧仁妮皇后是当时引领上流社会时尚潮流的知名人物，她所拥有的璀璨珠宝之多仅次于英国皇室。在拍卖会上，查尔斯出价高达五十万美元，价格远远高于第二高的应价，将这些瑰宝收入囊中。

而后，蒂芙尼大肆收购欧洲名贵珠宝，这为当时堪称文化沙漠的美国注入一股新风，在美国上流社会掀起一阵热潮，新贵名流争相买走这些皇室珍宝。这一项目的成功，奠定了蒂芙尼大珠宝商的身份。

草莓手镯，1969年

1.3 营销大师

1851年,查尔斯与美国最负盛名的银匠——摩尔父子(John & Edward Moore)展开合作。摩尔父子的加入,给蒂芙尼带来了巧夺天工的银饰和银器,奠定了蒂芙尼的银饰制造的基础,巩固了蒂芙尼的银器制造地位。

查尔斯、扬连同1841年入伙的埃利斯(J.L. Ellis),三人合伙经营十余年,在他们的共同努力下,蒂芙尼的发展势头大好。而在这时,赚得盆满钵满的扬和埃利斯想离开了,他们想要去过安逸的生活。查尔斯却不愿停步,他买下大部分股份,掌握了公司的控制权,开始独立经营蒂芙尼,并把公司更名为Tiffany & Co.查尔斯为店铺重新选址,一路北移,新店坐落在百老汇街555号。蒂芙尼的店面外观简洁明朗,正门上方是一座九尺高的雕像,希腊神话中的大力神——阿特拉斯(Atlas)高高托举着一个大钟,而步入店内,印入眼帘的皆是柔美浪漫的珠宝设计。

查尔斯是一位天才的生意人,他的经营头脑着实让人折服。1858年,查尔斯得知美国有一根穿越大西洋的电报电缆因破损需要更换的消息,他通过各种关系,买下了这根长达16英里(1英里=63 360英寸)的废钢缆。人们皆以惊异的目光看着他买下这根还缠着海草、黏着苔藓和沙砾的电缆,无不心生疑惑,这破电缆到底能派什么用场?只见他把这根电缆截成若干4英寸(1英寸=2.54厘米)长的小段,包上小金片,在上面印刻"纪念1858美国越洋电缆第二次更换"的字样。成了限量版的越洋电缆线被摆放在蒂芙尼商店里,每一段附上一张由原项目工程师签署的信函,保证其为"原缆"。以极低价格买入的废电缆在查尔斯的包装宣传下,成了精美的纪念品,顾客们接踵而至、争相抢购,查尔斯就这样赚了一大笔钱。

不仅如此,颇善经营的查尔斯,尤其会玩噱头。有一年,纽约大马戏团的台柱——一头大象因受惊失去控制,被出面维持秩序的警方击毙。查尔斯看准商机,通过关系购得整张象皮,放在店中展示,为皮具部做广告。这个广告可花了查尔斯不少钱,收获到的是不可估量的关注度。还有一回,大马戏团的知名侏儒演员——"大拇指汤姆将军"结婚,这在当时是一个备受瞩目的头条新闻。马戏团老板费尼尔司·泰勒·巴纳姆(P.T. Barnum)到蒂芙尼定购新婚赠礼,蒂芙尼为身高3尺1寸的汤姆将军和他的新娘量身打造了一架镶满宝石的小型银马车。在婚礼之前先放在橱窗里展示足有一个月,这又是一次成功的广告。

内战结束后，蒂芙尼负责为军队高级将领打造仪式用剑

蒂芙尼为林顿·贝恩斯·约翰逊总统及其夫人打造的白宫瓷器

即便是生意萧条的内战时期，查尔斯也没闲着，军队佩剑、旗帜均由蒂芙尼提供，生意不断。不仅如此，美国海军荣誉勋章也由蒂芙尼参与设计制作。19世纪80年代，蒂芙尼还重新设计了美国国玺，新国玺的图案被印刷在了美国钞票上。在美国总统林顿·贝恩斯·约翰逊（Lyndon Baines Johnson）的钦点下，白宫专用瓷器、给来访贵宾的赠礼和第一夫人佩戴的珠宝也均由蒂芙尼出品。

1878年，查尔斯结识了一位年仅21岁的矿物学家——乔治·弗雷德里克·孔兹（George Frederick Kunz）。这位青年才俊被聘请为蒂芙尼的首席宝石专家，除了负责鉴定宝石，他还要去开发、探寻更为耀眼的彩色宝石。此外，他还大力推广美国本土所产的宝贝——密西西比河所产的犬牙珠(dogtooth pearl)。原本只能被丢弃或是直接磨粉用作化工原料的异形珠被加以利用，通过设计变废为宝。最经典的案例就是用犬牙珠饰作菊花瓣制成的一款花形胸针，朵朵花瓣栩栩如生。

犬牙珠别针

查尔斯虽然盼望儿子路易斯·康福特·蒂芙尼（Louis Comfort Tiffany）能子承父业，但路易斯对公司的事务始终兴趣平平。他无意参与管理经营，一心想要研究艺术，查尔斯只能予以支持。大概是因为从小生长在精美的饰品堆中，耳濡目染下，路易斯对设计创造产生浓厚的兴趣，表现出惊人的艺术天赋，涉猎珠宝、玻璃、马赛克、绘画和陶艺。

路易斯在公司挂职，是蒂芙尼的第一任设计总监，在第五大道的专卖店中创办了蒂芙尼艺术珠宝部门。当时，新艺术运动正如火如荼地展开，路易斯创新的自然设计风格将他推向该运动的前沿，成为新艺术运动的先驱之一。他巧妙利用不同色彩、质地和光泽的宝石组合，完美呈现出自然之美。蛋白石、石榴石和月亮石化身充满活力的蜻蜓、野花和水果造型设计的珠宝深受收藏家们的珍爱，常年在拍卖行中享有显赫声誉——证明了其作品的精湛工艺与内在之美。他不仅打造出曼妙瑰丽的珠宝，而且还潜心研究装饰性玻璃，大胆革新了彩绘玻璃艺术，为博物馆、银行、酒店大堂等各类场所创作了多款彩色玻璃灯及玻璃窗，在彩绘玻璃艺术领域备受称道。

路易斯·康福特·蒂芙尼作品：蝴蝶胸针，Favrile 玻璃香水瓶，蛋白石手链

- Tiffany & Co. -

Favrile 玻璃灯具,年份不详

1.4　好设计就是好生意

让·史隆伯杰（Jean Schlumberger）

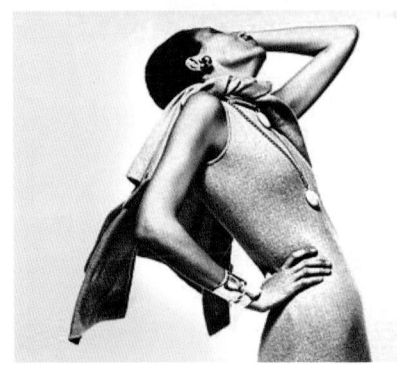

艾尔莎·柏瑞蒂（Elsa Peretti）

帕洛玛·毕加索（Paloma Picasso）

让·史隆伯杰设计作品

从原本一个小小的文具精品店跃居成为世界著名珠宝公司，从首日仅有4.98美元的营业额到价值3700万美元的珠宝品牌，查尔斯用尽毕生的精力。90岁的查尔斯走了，他把蒂芙尼交给了跟随自己60多年的老助手查尔斯·库克（Charles T. Cook）。这位接班人老实可靠，但年事已高，能做到的也只是简单地维持蒂芙尼原有的运作方式。

经过了社会动荡、经济萧条和战争洗礼的蒂芙尼依旧巍然挺立，但经营状况已大不如从前。这时候来了一位纽约商界的能人——沃尔特·霍温（Walter Hoving），他花重金买下蒂芙尼，在他的用心经营下，蒂芙尼的发展达到又一个新高潮。接手蒂芙尼，沃尔特·霍温首先干了一件事，抓设计。在他看来，好产品只有好设计，才能够影响人、吸引人。为此，他请来了一批有才华的设计师。

1956年，来自法国的设计大师让·史隆伯杰（Jean Schlumberger）加入蒂芙尼，任设计总监。他常常在感受自然中得到创作的灵感，所以他的设计多以生动的花鸟和植物为主题，精致又生动。

出生于佛罗伦萨的艾尔莎·柏瑞蒂（Elsa Peretti），在1974年加盟蒂芙尼。她的作品中，银饰设计最为出名。她善用简洁流畅的形态来表达自然和感性的设计作品。

蒂芙尼还有一位品牌人物，帕洛玛·毕加索（Paloma Picasso），她是伟大的现代派画家毕加索的女儿。父母都是引领艺术潮流的画家，帕洛玛自幼在艺术的熏陶中成长，她也是名副其实的艺术家。帕洛玛大胆运用光泽鲜丽的彩色宝石营造冲突的效果，让人眼前一亮，这也成为她独有的设计风格。

蒂芙尼的每一位设计师都有自己的艺术特点，蒂芙尼的整体设计实力毋庸置疑。这些优秀的、伟大的设计师的加入，使得蒂芙尼的产品焕然一新。

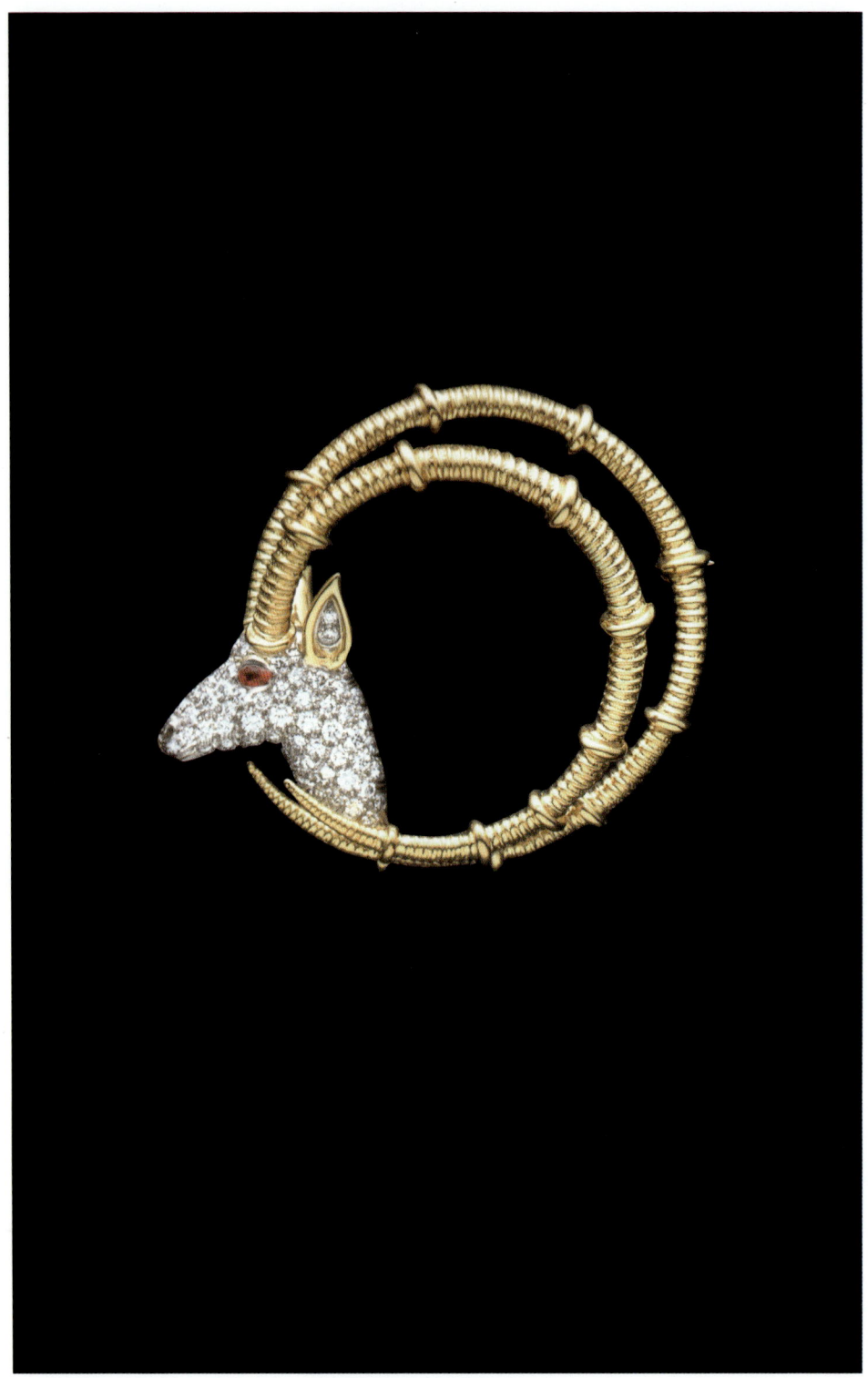

野山羊别针，1972 年，让·史隆伯杰（Jean Schlumberger）设计作品

花卉胸针,1890 年,波定·法汉(Paulding Farnham)设计作品

1.5　蒂芙尼的早餐

　　1861年，林肯（Lincoln）总统走进蒂芙尼，为太太选购了一套首饰，好让她佩戴出席总统连任的宣誓就职大典。明码标价的蒂芙尼坚持完美不打折，连总统都没有机会讨价还价。不二价，林肯付了全款买下了心仪的首饰。一百年后，另一位美国总统——德怀特·戴维·艾森豪威尔（Dwight David Eisenhower）也来到蒂芙尼店内为太太选购首饰，结账时，他问了问蒂芙尼当时的掌门人霍温，美国总统可否有优惠，霍温竟直接回答说："对不起，当初林肯总统来的时候，也是没有打任何折扣的。"

　　蒂芙尼追求完美，讲究高品质，在产品质量上有自己的要求，绝不妥协。约翰·菲茨杰拉德·肯尼迪（John Fitzgerald Kennedy）总统刚刚上任时，想为白宫同仁们准备一些小礼品，他找到了蒂芙尼。霍温很快拿出了方案，纹银饰品，精致简约。白宫官员人数众多，纹银造价可不低。总统主张选用塑料或其他合金，霍温不让步，坚持自己的意见，要做就用纹银做。肯尼迪只好另谋"能人"，按照他自己的意思做小礼品。样品一出，肯尼迪连连摇头，早先已经看过蒂芙尼出品的礼品效果，一经对比，这根本拿不出手。礼品的制作最终还是落回到了蒂芙尼的手中，坚持最初的方案，用纹银制作。

　　霍温是条十足的硬汉，在他的领导下，蒂芙尼不断增值。雷厉风行的霍温也有温柔浪漫的一面。在1961年，他参与并且鼓动电影《蒂芙尼的早餐》的拍摄。

　　天刚蒙蒙亮，纽约第五大道上空无一人，穿着黑色晚礼服，颈上挂着假珠宝项链，打扮入时的霍莉·戈莱特丽独自站在蒂芙尼珠宝店前，手中拎着一个牛皮纸袋，边吃着可颂面包、喝着热咖啡，边以艳羡的目光，透过橱窗，观望着蒂芙尼店中的一切……

　　影片上映后，荣获了多项奥斯卡金像奖，蒂芙尼公司从此闻名遐迩，人们纷纷致电预定早餐。许多人来到第五大道上的蒂芙尼专卖店，想一探究竟，这道全世界最有名气的早餐到底是什么？其实，来到蒂芙尼，看到精致的珠宝，得到的只是视觉上的饕餮盛宴。

　　电影中还有这样的一幕，保罗和霍莉来到蒂芙尼店里，保罗囊中羞涩，身上仅有十美元。蒂芙尼的店员得知他们的"预算"之后，还贴心地为他们推荐了一个银质的电话拨号器，甚至为保罗的简陋戒指提供刻字服务。影片传递给世人蒂芙尼的理念：所有顾客都可以走进蒂芙尼店铺并享受到周到的服务和贵宾般的礼遇。通过这部电影，蒂芙尼牢牢地抓住了每个女人的心。

秋叶项链，1980 年，安吉拉·卡明斯（Angela Cummings）设计作品

1.6 从并购到重生

蒂芙尼六爪皇冠镶钻戒

走过霍温时代,蒂芙尼的经营陷入瓶颈。20世界80年代,蒂芙尼被雅芳集团(Avon)收购。蒂芙尼精致奢华的品牌形象与雅芳平价亲民的销售方式格格不入。即便雅芳苦心经营,蒂芙尼的生意也是一路走低。1984年底,蒂芙尼脱离雅芳。

新任掌门人威廉·钱尼(William Chaney)给蒂芙尼注入新的活力,增加货物品类,除了占大多数份额的珠宝首饰和传统的银器、水晶、陶瓷、玻璃、文具、钟表等产品外,新开发出香水、围巾、皮包等。依靠独具匠心的设计、细致的做工和周到的服务,重新打动客户。在钱尼的悉心运作下,蒂芙尼逐步恢复生机,开始全球化扩张,广开分店,踏足欧亚。

蒂芙尼进入中国也很果断,为了开拓中国市场,蒂芙尼与戴比尔斯合作。蒂芙尼的六爪皇冠镶,戴比尔斯的钻石,强强联手合力推广。第一个把镶钻戒指变成爱情信物的人正是蒂芙尼。蒂芙尼的六爪镶嵌订婚钻戒面世于1886年,六个铂金镶爪完美托起钻石,让光线能够进入宝石,最大程度地折射出夺目的光华,而在此之前,钻石大多被囿于包镶的底座之中。时至今日,这仍是世界上最受推崇的钻戒镶嵌工艺之一。

- Tiffany & Co. -

珐琅彩盒，1890年，莫斯科工匠打造

蒂芙尼是真正的**营销大师**，以其特有的**商业敏感度**立足于世界珠宝名牌之林，影响着全世界。说到把产品和**市场卖点**结合得最为紧密的，蒂芙尼要属个中好手，这是从蒂芙尼的第一代人开始就具备的**天分**。倘若仅仅是有好设计和好产品，恐怕很难成就蒂芙尼。而其对市场的把握和**营销体系**的建设，仿佛在向世人宣告，品牌的打造早已不再是简单的产品问题。废钢缆、残珍珠，甚至是死象皮，他竟然都能从中找到卖点，甚至使其成为轰动一时的作品。电影《蒂芙尼的早餐》更是将一个与电影内容几乎不相关的珠宝品牌植入电影名中，成为划时代的作品。为了打响**品牌知名度**，蒂芙尼真是无所不用其极，其营销模式和品牌**推广力度**，耐人深思，值得深入学习。

— Tiffany & Co. —

全球布店：
316 家门店 29 个国家和地区

亚洲：139 家
中国（30 家）：北京、上海、天津、沈阳、成都、青岛、杭州、深圳、昆明、广州、重庆、武汉、南京、哈尔滨、西安、济南、郑州
中国香港（9 家）
中国澳门（4 家）
中国台湾（10 家）：台北、台南、台中、高雄
日本（58 家）：东京、千叶、福冈、鹿儿岛、静冈、广岛、石川县、兵库县、高知县、福岛、熊本、京都、爱媛县、茨城县、新潟、大分、冈山、大阪、神奈川、埼玉县、北海道、宫城县、香川县、群马县、栃木
韩国（14 家）：釜山、首尔、大邱、京畿道、仁川
马来西亚（2 家）：吉隆坡
新加坡（6 家）
泰国（1 家）：曼谷
阿拉伯联合酋长国（5 家）：阿布扎比、迪拜

北美洲：117 家
美国（94 家）：斯科茨代尔、图森、洛杉矶、贝弗利希尔斯、科斯塔梅萨、格伦代尔、丹佛、棕榈滩、帕洛阿尔托、帕萨迪纳、罗兹维尔、圣地亚哥、格林尼治、圣克拉拉、圣巴巴拉、圣莫尼卡、沃尔纳特克里克、旧金山、法明顿、韦斯特波特、阿文图拉、保罗哈博、波卡拉顿、科勒尔盖布尔斯、杰克逊维尔、迈阿密、坦帕、那不勒斯、奥兰多、坦帕、亚特兰大、威可洛亚、檀香山、威雷亚、芝加哥、斯科基、诺斯布鲁克、奥克布鲁克、新奥尔良、圣路易斯、堪萨斯城、印第安纳波利斯、特洛伊、波士顿、纳蒂克、切斯纳特希尔、伊代纳、拉斯维加斯、大西洋城、帕拉默斯、哈肯萨克、雷德班克、肖特山、纽约、曼哈西特、怀特普莱恩斯、夏洛特、辛辛那提、伍德米尔、哥伦布、波特兰、费城、匹兹堡、普鲁士王市、普罗维登斯、纳什维尔、奥斯汀、达拉斯、陶森、休斯敦、伍德兰兹、圣安东尼奥、盐湖城、里士满、维也纳、贝尔维尤、西雅图
加拿大（12 家）：多伦多、温哥华、卡尔加里、埃德蒙顿、蒙特利尔、渥太华
墨西哥（11 家）：墨西哥城、坎昆、威斯基鲁康、蒙特雷、比亚埃尔莫萨、萨波潘、普埃布拉

南美洲：5 家
巴西（4 家）：圣保罗、巴西利亚、里约热内卢、库里奇巴
智利（1 家）：圣地亚哥

欧洲：44 家
奥地利（1 家）：维也纳
比利时（1 家）：布鲁塞尔
捷克（1 家）：布拉格
法国（5 家）：巴黎、尼斯
德国（7 家）：法兰克福、汉堡、慕尼黑、柏林、杜塞尔多夫、斯图加特
爱尔兰（1 家）：都柏林
意大利（9 家）：佛罗伦萨、米兰、罗马、威尼斯、博洛尼亚、维罗纳
荷兰（1 家）：阿姆斯特丹
俄罗斯（1 家）：莫斯科
西班牙（3 家）：马德里、巴塞罗那
瑞士（3 家）：日内瓦、苏黎世
英国（11 家）：伦敦、曼彻斯特

大洋洲：11 家
关岛（2 家）：塔穆宁
澳大利亚（9 家）：阿德莱德、布里斯班、墨尔本、珀斯、悉尼

http://www.tiffany.cn/. 2016-5-30

洋兰胸针，1890 年，波定·法汉（Paulding Farnham）设计作品

＃ Cartier

卡地亚

法国·1847

Cartier
卡地亚
法国 · 1847

- Cartier -

1. 阿尔弗雷德（右二）与三个儿子（从左往右）：皮埃尔、小路易、雅克； 2. 卡地亚品牌创始人：路易-弗朗索瓦·卡地亚；
3. 贞·杜桑； 4. 卡地亚伦敦店，1909年开设； 5. 卡地亚巴黎总店，1899年开设； 6. 卡地亚纽约店，1909年开设

2.1 立地成佛

路易-弗朗索瓦·卡地亚（Louis-François Cartier）于1819年出生在法国。早先，路易贩卖军火，从中渔利，在世界范围内寻找生意、洽谈业务，将大批的杀人武器送往世界各地，换来钞票。他是真正的富商巨贾，只是要与国际各种势力交涉，生活过得有些惊险，而这样的生意也时常让他感到罪孽深重。

路易决定卸下军火商的身份，转行从事珠宝首饰行业。他从学徒工开始做起，跟着一位从业多年的老师傅——阿道夫（Adolphe Picard），学习首饰制作工艺和珠宝生意。头脑精明的他很快就得心应手。

1847年，革命浪潮风起云涌的前夕，当时的巴黎呈现一片浮华景象，年事已高的师傅有意退休去享清福，28岁的路易顶下了师傅位于巴黎蒙特吉尔街（Montorgueil）29号的珠宝工坊，以自己的名字命名，挂上了新招牌——卡地亚。

路易-拿破仑·波拿巴复辟帝制，号称拿破仑三世。拿破仑三世的统治，代表了资本家的利益，资本家专注于个人发财致富，推动了法国经济发展迅速。经过一番动乱后的巴黎，又恢复了昔日的奢华风气，随着一批新兴权贵崛起，舞会、盛宴各种社交活动不断，卡地亚的业务也随之持续增长。

路易是个精明的生意人，他看准生意动向，专攻权贵，建店伊始，就一直与各国的皇室贵族和社会名流保持着密切来往，凭借精湛的工艺和独特的风格，逐渐获得上流社会的追捧，卡地亚的名声愈发响亮，连拿破仑三世都成为卡地亚的顾客。"卡地亚，皇帝的珠宝商，珠宝商的皇帝。"这句话来自英国国王爱德华七世。爱德华七世登基后，便正式委任卡地亚为英国皇室的御用珠宝商，这是卡地亚收到的第一封皇室委任状。在这之后，卡地亚声名远扬，获得更多欧洲皇室的青睐，来自欧洲各国的皇室委任状纷至沓来，卡地亚成为名副其实的"皇帝的珠宝商"。

2.2　三驾马车

路易希望能建立家族事业，他亲自带着儿子阿尔弗雷德·卡地亚（Alfred Cartier）学习工艺、参与业务，几年下来，阿尔弗雷德迅速成长，最终在 1874 年接手店铺的经营和管理。阿尔弗雷德的长子小路易与爷爷同名，是才华横溢的设计师，在设计制造方面颇具天分。他全情投入，钻研设计和精细制造，自 1898 年起，与父亲阿尔弗雷德合力打理店铺。

1899 年，卡地亚又做了重要调整，将店铺迁址至巴黎高级商品中心和平街 13 号，这是巴黎权贵聚集的都会中心，来自世界各地的名流往来不息。阿尔弗雷德由这个时候开始将国际业务交予小路易负责。

在阿尔弗雷德和小路易的管理之下，卡地亚不断地创新，设立了钟表设计部门，聘请了当时欧洲最负盛名的钟表制作大师莫里斯·库埃（Maurice Couet）。莫里斯与卡地亚合作了许多精品，其中，最为出名的是与小路易合作设计的魅幻时钟。魅幻时钟带给人魔幻般的视觉体验：指针悬浮于晶莹剔透的水晶表盘之上，人们只能看到指针自如转动，精确指示着时间，却怎么也找不到驱动指针运转的机械装置。

卡地亚的能工巧匠经过长时间的精工细作，将高难度的工艺技巧植入每一件瑰丽而珍稀的作品中。魅幻时钟的奥秘在于：指针没有与机芯直接相连，而是被固定在两个水晶圆盘的锯齿状金属边框上，机芯带动两个水晶圆盘分别以时针和分针的速度旋转，而时标圈将圆盘的金属边框隐匿，便形成了悬浮的幻象。

"Model A" 魅幻时钟，1927 年，卡地亚纽约

"喀迈拉"魅幻时钟，1926年，卡地亚纽约

| SANTOS-DUMONT 腕表，1912 年，卡地亚巴黎

TANK 腕表，1920 年，卡地亚巴黎 |

  卡地亚总在突破创新。当年，巴西飞行员亚伯托·桑托斯－杜蒙（Alberto Santos-Dumont）的飞行试验备受关注，这种尝试十分危险，在操作飞行器时，掏怀表看时间都成了一个非常危险的动作。对此，卡地亚一改当时的怀表设计，将表盘固定在皮革表带上，为他设计了一款飞行员腕表，解决了飞行员计时的一大难题。

  而在 1919 年，为纪念美国远征军的坦克部队在第一次世界大战中，在法国战场上越障跨壕、突破敌人防线，保护法国军队和人民，小路易以坦克的履带为设计元素，推出了一款手表带，创造出坦克腕表 (TANK) 的概念，成为卡地亚的经典，时至今日，依然是热销产品。

水果锦囊项链,1936 年特别定制,1963 年改款,卡地亚巴黎

继小路易之后，皮埃尔和雅克两兄弟也相继加入家族品牌的管理队伍，在三兄弟执掌期间，品牌得到迅猛的发展。他们立足巴黎，放眼世界，像充满梦想的探险家。三兄弟游历世界各地，从各国文化中汲取灵感，在那个交通工具匮乏的年代，每一段行程都经年累月，但他们也从未停下远行的脚步。因为他们心里清楚地知道，要想得到长足的发展，必须要努力拓展国际市场。

1904年，皮埃尔和小路易踏上前往俄罗斯的旅程，找寻灵感，寻觅上等的珐琅和珍稀玉石。这个神秘的国度带给他们许多想象。

1909年，卡地亚在新邦德街（New Bond Street）开设分店，没过多久，三兄弟中年纪最小的雅克来到伦敦，开始负责经营卡地亚的英国业务，反响热烈，显贵的印度王公都成了卡地亚的忠实拥趸。印度邦主自古喜好珠宝首饰，拥有大量的彩色宝石、稀世钻石和珍珠。卡地亚精湛的技艺与独特的风格深深地吸引着他们，他们将自己珍藏的名贵珠宝交由卡地亚珠宝工匠重新设计修饰，打造成现代风格的珠宝配饰。1911年，卡地亚在印度设立办事处，雅克从印度王子手中购入大批珍珠宝石，还发现了丰富的宝石材料货源。

1909年，小路易的另一位兄弟皮埃尔受命前往纽约开设分店，开发美国市场。皮埃尔独具生意眼光，重视市场推广。初到美国，他首先融入上流社会，结识了众富商与金融界精英，以及百老汇明星，建立了庞大的客户群。

1916年，美国富豪莫顿·普兰特（Morton Plant）的夫人相中了卡地亚的一串珍珠项链，这串珍珠项链标价是120万美元。她对这串项链爱不释手，越看越喜欢，当即决定用坐落在第五大道653号的一栋大楼来交换这串珍珠项链。这栋大楼之后成为卡地亚在美国的总部。

棕榈树胸针夹，1957年，卡地亚巴黎

- 世界珠宝品牌简史 -

香烟盒,猎豹形象首次出现,1917 年

卡地亚的"猎豹"设计元素饰品

2.3　小豹子

20世纪初，西方掀起大规模的女权运动浪潮，女性寻求自我解放，摆脱蒙昧和压制。女性在社会活动中越发活跃，生活作风也更加开放。她们身穿牛仔裤走在大街上，当众抽烟，谈笑风生。女用的口红匣、香烟盒与打火机一类的小饰物也随之流行起来。1916年，在小路易的筹划下，巴黎店开设了特选礼品部门。也是在这一年，23岁的贞·杜桑（Jeanne Toussaint）加入卡地亚，在特选礼品部门一展才华，她用心发展女用饰物，以她独特的品味和不羁的个性，卡地亚的女用饰物规模越来越大，生意也越来越好。

小路易很是欣赏气质优雅、天资聪颖的贞·杜桑，时常把她带在身边亲自培养，传授思想理念与自身经验。才华横溢的贞·杜桑一路协助小路易的经营管理，逐渐获得小路易的信任，成为小路易最为亲密的合作伙伴。路易一直亲昵地称呼她为"小豹子"。1917年，小路易还送给她一个精致的香烟盒，饰以体型修长、姿态优雅高贵的猎豹，这是猎豹形象首次完整地出现在品牌作品上。

1933年，贞·杜桑被任命为品牌高级珠宝艺术总监。到了贞·杜桑手中，猎豹的形象被不断地演绎。正是在她的影响下，卡地亚以猎豹来体现女性气质，象征着勇敢无畏，猎豹更是成为了卡地亚的标志，这种独特方式很快令卡地亚在众多品牌中脱颖而出，从香烟盒一类的小饰物到胸针、项链这样的珠宝饰品，处处可见猎豹的优雅身态。

第二次世界大战期间，全球经济萧条，贞·杜桑停下了高级珠宝的生意，转而出品价格更亲民的小饰品，这才熬过困难时期，稳住了卡地亚的根基。她陪伴着卡地亚起起落落，走过半个世纪。

2.4　温莎公爵夫人

1942年,小路易去世了,贞·杜桑非常难过,她常常想起小路易亲昵地喊她"小豹子",想起他们共同努力的日子,而如今,只剩下她一人在巴黎支撑着卡地亚。为了纪念小路易,她亲自聘请优秀设计师,设计了一批以豹为设计主题的饰物,豹子的姿态多种多样。其中有一对耳饰,是两头豹子,耷拉着脑袋神情沮丧,和卡地亚其他猎豹首饰的形象大相径庭,别有深意。

1948年以前,猎豹的主题还只是偶尔出现。这一年,温莎公爵夫人送来一枚珍贵稀有的祖母绿,委托给贞·杜桑设计制作。一只威风凛凛的金色猎豹身披黑色的斑纹,盘踞在一颗90克拉凸圆形祖母绿上,神情深奥莫测。卡地亚制作的这枚猎豹胸针,将猎豹的英姿生动地展现了出来。第二年,她又再次订购一枚猎豹胸针,这一回,矫健的猎豹披挂着由蓝宝石铺镶而成的斑点,脚踏一颗重达152.35克拉的克什米尔蓝宝石圆珠。猎豹胸针从此全球闻名,吸引了无数新女性,人们仿佛能从它的身上看到女性的独立精神。

除了豹子以外,卡地亚也加入了其他动物题材,狮子、老虎、鹰,逃不开威风凛凛、不可一世的形象。

祖母绿猎豹胸针,1948年,温莎公爵特别定制

- Cartier -

猎豹胸针夹,1949 年,贞·杜桑设计作品

2.5 两个传奇

卡地亚是最具有辨识度的品牌，卡地亚的风格虽然难以用简单的语言概括，但鲜明的符号化产品就是它的标识，当你看见它，你就知道那是卡地亚的作品，摩登而经典。其中，猎豹系列和"LOVE"系列，堪称卡地亚的传奇之作。

充满野性的猎豹是卡地亚的品牌象征，用青翠的祖母绿装点豹眼，以漆黑的缟玛瑙饰作豹鼻，钻石配合彩色宝石铺镶出斑斓豹纹。无论是优雅高贵的猎豹还是奔腾跳跃的猎豹，无论是形象化的猎豹还是抽象化的斑纹元素，都是卡地亚经久不衰、超越时间的印记。

20世纪60年代，西方正处在社会思想剧烈动荡的时期，美国兴起"性解放"运动，年轻的男女们呼吁勇于追求天性的自由和解放，对传统的性观念和性道德发起挑战，却也让许多人对爱情的忠诚丧失了信心。1969年，卡地亚纽约工作室的设计师Aldo Cipullo推出"LOVE"系列手镯，匠心独具的设计，一举夺得戴比尔斯钻饰设计大奖。手镯的佩戴需要情侣两人合力协作才能完成，传递着为真爱共同努力、悉心呵护的概念，配套的专属螺丝刀交由另一方保管，表达了爱的忠诚与承诺。"LOVE"系列还推出了相应的戒指、项链和耳环，用独特的"螺丝钉"和"螺丝刀"元素将爱锁住，表达爱情的互信与忠诚，让人重拾对爱情和承诺的信心。小小的螺丝钉成为了卡地亚的经典传奇，自推出以来，风靡至今，依旧是无数名流雅士表达爱意的选择。

2.6 横行于世

卡地亚三兄弟分管巴黎、伦敦、纽约，各据一方，独立经营。到了1962年，卡地亚不再是家族企业，三个店铺陆续分售给外部商人。卡地亚家族的人不再对这个品牌有任何控制力和影响力了。直到1972年，罗伯特·霍克（Robert Hocq）、约瑟夫·卡努易（Joseph Kanoui）、阿兰－多米尼克·佩兰（Alain-Dominique Perrin）三位商人联合买下卡地亚，卡地亚才得以统一。这时候的卡地亚已不再是家族企业，而是以国际企业的面貌——"卡地亚国际"，面向全球市场。三位商人深谙，全球推广是必然趋势。

猎豹项牌,2012 年,卡地亚巴黎

卡地亚发展历史相对远久，品牌形成初期，只是不断地迎合市场环境，稳步成长。而在贞·杜桑的领导下，卡地亚推出猎豹系列，自此，产品的风格化就成为了卡地亚不可替代、不可征服的标识。卡地亚将猎豹的形象发挥到极致，成为难于逾越的经典。在这几十年的发展过程中，没有人再敢尝试采用猎豹的元素，甚至是与猎豹相类似的题材，似乎这类充满野性美的形象已被卡地亚垄断，无论怎么设计都有卡地亚的影子。

当猎豹的形象已然深入人心，留下了深刻而又经久不衰的印记时，卡地亚又转而开辟了新的方向，和过去的风格完全相违背，是一个纯工业化的、抽象的形象——"LOVE"系列。从20世纪70年代到今天，50年过去了，"LOVE"系列象征着爱的誓约，见证了多少矢志不渝的爱情。对一个形象进行深入挖掘，使产品形成风格化，这让卡地亚立于不败之地。

- Cartier -

全球布店：
280 家门店 59 个国家和地区

亚洲：147 家
中国（37 家）：北京、天津、上海、广州、深圳、长春、长沙、成都、重庆、大连、杭州、哈尔滨、合肥、济南、昆明、南京、宁波、青岛、沈阳、石家庄、苏州、太原、温州、武汉、无锡、郑州
中国香港（8 家）
中国澳门（4 家）
中国台湾（13 家）：台北、台中、台南、桃园、福建
巴林（1 家）：麦纳麦
印度（1 家）：新德里
印度尼西亚（3 家）：雅加达、巴厘岛
日本（31 家）：东京、千叶、福冈、广岛、神户、京都、名古屋、大阪、札幌、仙台、静冈、立川、横滨
科威特（1 家）：科威特城
黎巴嫩（1 家）：贝鲁特
马来西亚（2 家）：吉隆坡
摩纳哥（1 家）：摩纳哥
菲律宾（2 家）：帕赛市、曼达卢永
卡塔尔（2 家）：多哈
沙特阿拉伯（4 家）：吉达、利雅得
新加坡（5 家）：新加坡
韩国（19 家）：大邱、仁川、济州岛、釜山、首尔
泰国（4 家）：曼谷、北揽府
阿拉伯联合酋长国（6 家）：阿布扎比、迪拜
越南（2 家）：胡志明市、河内

北美洲：49 家
美国（33 家）：纽约、亚特兰大、阿文图拉、贝弗利希尔斯、伯克莱屯、波士顿、芝加哥、科斯塔梅萨、达拉斯、檀香山、休斯顿、普鲁士王市、拉斯维加斯、曼哈西特、迈阿密、奥兰多、棕榈滩、旧金山、斯科茨代尔、肖特山、麦克莱恩、圣克拉拉
阿鲁巴岛（1 家）：奥拉涅斯塔德
巴哈马（1 家）：拿骚
巴巴多斯（1 家）：霍尔敦
加拿大（3 家）：多伦多、温哥华
多米尼克共和国（1 家）：圣多明各
墨西哥（7 家）：墨西哥城、蒙特雷、瓜达拉哈拉、科祖梅尔、坎昆
巴拿马（1 家）：巴拿马城
波多黎各（1 家）：圣胡安

南美洲：6 家
巴西（4 家）：圣保罗、里约热内卢
哥伦比亚（1 家）：波哥大
厄瓜多尔（1 家）：瓜亚基尔

欧洲：70 家
奥地利（1 家）：维也纳
比利时（1 家）：布鲁塞尔
保加利亚（1 家）：索非亚
开曼群岛（1 家）：乔治敦
捷克（1 家）：布拉格
法国（17 家）：波尔多、戛纳、巴黎、库尔舍韦勒、尼斯、蒙彼利埃、里昂、斯特拉斯堡
德国（5 家）：柏林、杜塞尔多夫、法兰克福、汉堡、慕尼黑
希腊（1 家）：雅典
意大利（5 家）：佛罗伦萨、米兰、罗马、切尔沃港、威尼斯
卢森堡（1 家）：卢森堡
摩洛哥（2 家）：卡萨布兰卡、拉巴特
荷兰（1 家）：阿姆斯特丹
葡萄牙（1 家）：里斯本
俄罗斯（5 家）：莫斯科、叶卡捷琳堡、圣彼德堡
圣巴泰勒米岛（1 家）
圣马丁岛（1 家）：菲利普斯堡
西班牙（6 家）：巴塞罗那、马德里、马略卡岛、马贝拉、特内里费岛
瑞士（8 家）：巴塞尔、日内瓦、格施塔德、洛桑、卢加诺、卢塞恩、圣莫里茨、苏黎世
土耳其（2 家）：伊斯坦布尔
乌克兰（1 家）：基辅
英国（8 家）：伦敦

非洲：1 家
南非（1 家）：桑顿

大洋洲：7 家
澳大利亚（4 家）：墨尔本、悉尼、布里斯班
关岛（2 家）：杜梦湾
北马里亚纳群岛（1 家）：塞班岛

http://www.cartier.cn/. 2016-5-30

祖母绿项链，1932 年，卡地亚伦敦

BOUCHERON

宝诗龙

法国·1858

BOUCHERON

宝诗龙

法国·1858

- Boucheron -

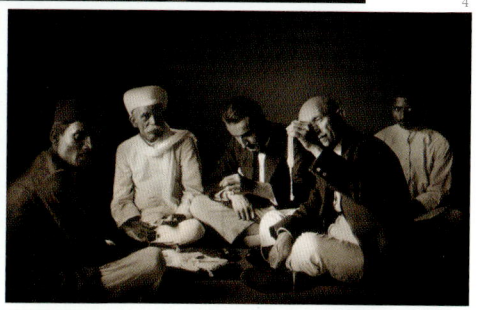

1. 宝诗龙品牌创始人：菲德列克·宝诗龙； 2. 宝诗龙莫斯科店，1897年开设； 3. 宝诗龙伦敦店，1903年开设；
4. 路易·宝诗龙前往印度搜购宝石，售卖珠宝； 5.1893年入驻旺多姆广场； 6.1866年开设品牌工坊； 7.工坊工匠镶石

3.1　清新脱俗　师从自然

1858 年，年仅 28 岁的设计师菲德烈克·宝诗龙（Frédéric Boucheron）在法国巴黎最奢华时尚的皇家宫殿（Palais Royal）的法洛廊（Galerie de Valois）开了一家珠宝店，创立了自己的品牌。

在风起云涌的 19 世纪后半期，法国巴黎服装、饰品界的流行风格呈现一片紊乱景象。当时，拿破仑三世的妻子欧仁妮皇后（Eugénie de Montijo）引领着法国上流社会的时尚潮流，她收藏的珠宝的数量仅次于英国皇室。欧仁妮皇后偏爱路易十六时期精致细腻、轻盈纤细的艺术风格，缎带、蝴蝶结等元素因此而再度流行。同时，在庞贝城的挖掘中发现了很多古埃及的古董首饰，古庞贝出土大量的文物，引起了人们对古典主义的兴趣。就连苏伊士运河的开凿，也带起了一阵埃及热。新古典主义艺术家以复兴古希腊罗马艺术为旗号，无论是风格还是题材都在刻意模仿古代艺术。

菲德烈克没有盲目追随新风潮，而是选择师法自然。他以树叶、羽毛等自然元素作为设计题材，各式首饰清丽脱俗。宝诗龙的店铺正好开在了巴黎市政厅和证券交易所中间，来来往往的人士多是巴黎颇有经济实力的贵族和富贾。橱窗内展示的花叶形的自然主题首饰，华丽中不失秀气，吸引了巴黎的名媛仕女，更是获得了法国文化部部长的妻子的青睐。宝诗龙的首饰独树一帜，在乱军中崛起，在巴黎得到了上层社会的热捧。

3.2　内衣外穿

宝诗龙在制作工艺上严谨细腻，设计大胆创新，自然深受贵族名流喜爱。在当时的法国巴黎，兴起一阵炫富攀比的热潮。宝诗龙有许多单件定制的首饰，每款都大不相同，平日里闲来无事的贵妇们开始暗中较劲，看谁拥有更多更贵的宝诗龙的首饰。法国大文豪维克多·雨果（Victor Hugo）就曾在报纸上发表一篇文章，生动地记录了一段飙富的故事。

有一天周末的下午茶时间，一群衣着华丽的贵妇集中在了马克西姆餐厅，按照惯例，大家开始装作不经意地比划着自己收藏和购买的宝诗龙的首饰。这时，进来了一位趾高气扬的贵妇，不是别人，正是那位连日来广受热议的人物。传闻菲德烈克为她设计了一件胸衣，上面镶满了上好的钻石。果不其然，她还真就穿来了。内衣外穿，钻石胸衣在红丝绒礼服的映衬下格外璀璨耀眼。更夸张的是，她从头到脚都戴满了宝诗龙的首饰。大家开始议论纷纷，原本还想来炫耀一番自己新买的首饰，这么一比，可没得玩了。

没过多久，又来了一位贵妇。这下可有好戏看了，两人都是圈内数一数二的主，平日里就斗得欢，不相上下，可今天有钻石胸衣，那边又有什么招？新来的贵妇身后跟着一位女仆，刚一进门，女仆就为这新来的女主人脱去斗篷，只见她一身素黑，一件首饰都没戴。什么首饰都没戴竟然也敢到这来？在场的人们一片哗然。主人刚一落座，冲着女仆点头示意一番。女仆心领神会，她慢慢脱下斗篷，在场的人们全都瞪直了眼，那位女仆的身上竟像圣诞树一样挂满了宝诗龙的首饰。这么多首饰，竟然都戴在仆人的身上，这太讽刺了。那位身戴钻石胸衣，气焰嚣张的贵妇觉得特别没面子，骂骂咧咧地捂着钻石胸衣，摔门而出。

经由大文豪之手，这段故事传播广泛，宝诗龙也因此声名鹊起。

3.3 旺多姆广场

成名后的宝诗龙生意蒸蒸日上,菲德烈克居安思危,在生意最好的时候,他挪了店。1893 年,宝诗龙从巴黎皇家宫殿(Palais Royal)搬到了旺多姆广场 26 号(Place Vendôme),成为广场上开业的第一家商店。从薄暮清晨到傍晚黄昏,阳光洒落广场,橱窗中的宝石熠熠生辉。菲德烈克大概就是被这样的光线迷住了,才会选择在店铺生意正火爆之时迁店。没过 5 年,知名珠宝店和高级时装店纷纷入驻旺多姆广场,橱窗里陈列着金光闪闪的珠宝首饰和琳琅满目的高级时装。名店云集的旺多姆广场闻名遐迩,火爆至今,宝诗龙的地位不言而喻。

宝诗龙入驻旺多姆广场 26 号

阳光洒落旺多姆广场

3.4　弄潮儿

当时的欧洲正处于一段政治和经济平稳发展的和平时期，进入新世纪，人们追求一种新风格和非传统的艺术表现形式，"新艺术运动"因此而蓬勃发展。法国是"新艺术运动"的发源地，菲德烈克身处在新艺术运动的热潮，他跃跃欲试，那段时间里，宝诗龙推出了许多新艺术风格的首饰。

新艺术运动旨在放弃传统装饰风格，开创全新的自然装饰风格，认为自然中不存在直线和平面。菲德烈克推崇自然风格，宝诗龙推出的饰品也因此更多地突出了曲线和有机形态。另一方面，他还深受东方风格的影响，日本江户时期的装饰风格和浮世绘都给菲德烈克带来丰富的设计灵感。

菲德烈克在热潮中依旧保持清醒，没有一味坚持追随新艺术运动的潮流。他一心寻求扩张，开始了全品类多材质的研究。宝诗龙的产品不再局限于首饰，开始推出香水瓶、香烟盒、皮带扣一类的配件。不仅如此，他还对探索新材料、不同材料的组合搭配有很高的热情，水晶、珊瑚甚至是不锈钢和木头，都可以作为首饰材料。原本只用于工业生产的铂，也被菲德烈克用来制作高档首饰。

　　1902年，菲德烈克去世了，发展日趋稳定的宝诗龙由菲德烈克的儿子——路易·宝诗龙（Louis Boucheron）接手。路易原是土木工程师，但他继承了父亲对珠宝的热爱，更有着敏锐的生意头脑。

　　路易管理宝诗龙期间，正值艺术史上的另一个重大的艺术运动——装饰艺术运动兴起。路易从新兴的现代派美术、俄国芭蕾舞的舞台美术等各大艺术流派中吸取精华，推出了许多极富装饰艺术风格的首饰。鲜艳的颜色，流线形的设计式样，注重表现材料的质感与光泽，件件精美绝伦。他曾设计一款细长的耳饰，垂坠至肩膀，佩戴时摇曳生姿。

　　20世纪30年代，集化妆盒和晚装包于一体的百宝匣风靡欧洲上流社会，宝诗龙出品的百宝匣做工精致，设计奢华，镶满了珍珠和宝石，受到热烈追捧，销量多达四万个。

　　第二次世界大战期间，欧洲各国都处于战时艰苦状态，宝诗龙也因此沉寂了一段时间。战争结束后的巴黎，百废待兴，原本优雅精致著称的巴黎女子身着色调灰暗的制服套装，行色匆匆地穿行在战争阴霾下的巴黎大街。也是在这时，宝诗龙的第三代人小菲德烈克和杰拉德（Gérard）接下家族事业。1947年2月12日，克里斯汀·迪奥（Christian Dior）发布了他的首个高级定制系列，长裙的裙摆数以米计，收紧的腰身凸显出与胸部的曲线对比，肩线窄而柔美。霎时间，蜚声巴黎，人们称其为"新风貌"（New Look）。

　　战后，宝诗龙恢复往日生机。看到"新风貌"，宝诗龙的掌门人杰拉德意识到，该换新时尚了。服装业发展迅猛，影响力大，首饰应与服装挂钩。他专门找人设计和"新风貌"服装配套的首饰，色彩、材质的质感形态，包括黄金的质感都改变了。过去黄金抛光处理，尽显光泽，如今为了和服饰更好地搭配，让黄金看起来更柔和，采用了喷砂、拉丝一类的表面处理工艺。身着迪奥设计的"新风貌"，佩戴宝诗龙出品的精致首饰，成了那个时代名媛贵妇们争相追随的流行趋势。

时间在走,岁月也不饶人,宝诗龙家族的第四代人艾伦(Alain)在20世纪70年代开始接班了,而他所面对的时代和原来大不相同。皇族王室风光不再,奢华风气渐渐退去……艾伦意识到,宝诗龙不能再为少数人服务,如今面对的客户是社会大众,市场需要的是日常佩戴的简洁首饰。他为了迎合大众口味,推出了一套首饰,叫做"多数"。以简洁的金属环作为基础元素,金属环上面是一颗颗可活动的宝石,宝石可以用不同的材料、不同的颜色配搭。这样的设计既符合大众需求,又可以随心搭配满足个性化需要,如此成功的策略还延伸到了手表领域。无论是表面还是表带,都可以自由搭配,不同尺寸、形状的表面搭配不同材质的表带,排列组合下来多达七十余种,自然抢占了大部分市场。

宝诗龙极具全球发展眼光,早在1897年就在莫斯科开设了第一家海外分店,艾伦(Alain)接管家族企业后,不断尝试拓展海外市场,力求宝诗龙行销世界。他飞往世界各地,视察生意、开展业务,每年至少有800小时的飞行时间,如今分店遍布五大洲,57个国家与地区。

宝诗龙还踏足了其他品类领域,宝诗龙香水一经推出就大获成功。香水瓶的设计非常特别,以一枚大戒指的造型作为瓶身,上边一个硕大的蓝宝石色玻璃作为瓶盖。

宝诗龙推出的指环造型香水瓶,1988年

3.5 王室的宝藏

宝诗龙的声名吸引了来自世界各国的名流雅士、皇宫贵族。1928年8月，印度的巴提亚拉（Patiala）王公亲临巴黎，迈进旺多姆广场26号的大门，带着40名男仆、22名舞女，扛着七大箱珠宝，声势浩大。虽说印度王室在政治上没有实权，却拥有印度王朝积攒数千年、令世人艳羡的珠宝，每一件都是难得一见的瑰宝，其中包括7571颗钻石和1432颗祖母绿。这七大箱珠宝当时的估价是18亿法郎，实际上当然是无价之宝。宝诗龙接到订单，从中挑选宝石，设计制作成首饰，动用的钻石、红宝石和祖母绿数以千计。迄今为止，这仍是旺多姆广场接到的最大手笔的订单。

1930年，伊朗国王委任宝诗龙对伊朗国库进行鉴定，伊朗国库所藏旷世珍宝不胜枚举，花费了路易数月的时间，堪称世界上最传奇的宝库之一。其中有一件极为震撼的珍宝——镶嵌了51 336颗宝石的地球仪，直径20英寸（1英寸=2.54厘米），红宝蓝宝铺镶为土地，祖母绿饰作海洋，优质的钻石连成经纬线，价值不可估量。至今为止，宝诗龙仍是伊朗国库的指定监护方。

再后来，伊朗皇室还特邀宝诗龙为其设计并建造一座珠宝宫殿——王室宝藏博物馆。宝诗龙在巴黎网罗众多专业人士，精心设计出最精密的防盗系统和最周全的监控系统。在巴黎反复试验后，准备运送至伊朗。正赶上第二次世界大战爆发，这件事停滞了许多年。直到1960年，伊朗王室宝藏博物馆和陈列其中的宝藏才得以与世人见面。

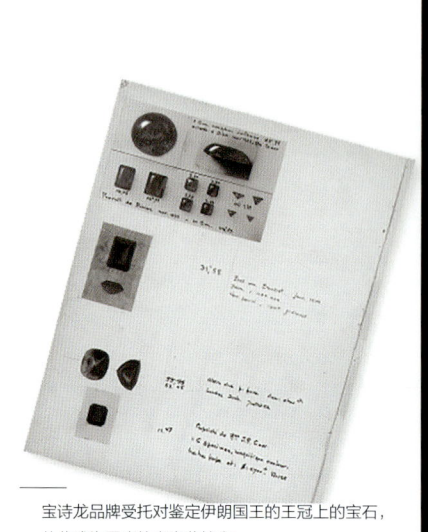

宝诗龙品牌受托对鉴定伊朗国王的王冠上的宝石，从此成为国库的官方监护方

- Boucheron -

伊丽莎白皇太后皇冠,1921 年
宝诗龙精湛工艺

宝诗龙是一个充满浪漫色彩的品牌，优美似乎是它的绝对杀手锏。宝诗龙诞生在世人都推崇异化的时代，那些异化有些许丑陋难入眼，创新和美竟不可兼得。宝诗龙完全摈弃这股风潮，转而选择以自然为师，追求美。没有人会拒绝美，这是永远会传承下去的主题。也许在今天看来，宝诗龙的有些题材多多少少会有些重复和俗气，但它所表达和追求的依然是最美好的内涵。美好的事物总是有市场的，因为首饰的根本就是在于饰美，而"美"就是宝诗龙最重要的坚持。

全球布店：
247 家门店 57 个国家和地区

亚洲：73 家
中国（6 家）：北京、天津、成都
中国香港（2 家）
中国台湾（3 家）：台北、高雄
以色列（2 家）：耶路撒冷、特拉维夫
卡塔尔（1 家）：多哈
哈萨克斯坦（2 家）：阿斯塔纳、阿拉木图
巴林（1 家）：麦纳麦
新加坡（2 家）：新加坡
日本（43 家）：东京、大阪、广岛、埼玉县、爱知县、福冈、宫城县、京都、神奈川、静冈、札幌、石川、富山、高松、宫崎、爱知县、熊本、兵库县、爱媛县、山形县、鹿儿岛、新潟、茨城
约旦（1 家）：安曼
阿拉伯联合酋长国（2 家）：迪拜
韩国（4 家）：首尔
马来西亚（1 家）：吉隆坡
黎巴嫩（3 家）：贝鲁特

美洲：29 家
乌拉圭（1 家）：蒙得维的亚
加拿大（1 家）：多伦多
哥斯达黎加（1 家）：圣何塞
圣巴泰勒米（1 家）：法属圣巴特岛
圣马丁（1 家）：圣马丁岛
委内瑞拉（1 家）：加拉加斯
巴拉圭（2 家）：东方市、埃斯特角城
智利（1 家）：圣地亚哥
美国（18 家）：帕洛阿尔托、沃尔纳特克里克、保罗哈博、贝尔维尤、贝弗利希尔斯、芝加哥、达拉斯、檀香山、休斯顿、拉斯维加斯、麦克莱恩、纽约、纽波特比奇、圣地亚哥、旧金山、坦帕、怀特普莱恩斯
阿根廷（1 家）：布宜诺斯艾利斯
马提尼克群岛（1 家）：法兰西堡

欧洲：142 家
丹麦（1 家）：哥本哈根
乌克兰（2 家）：基辅、敖德萨
俄罗斯（4 家）：圣彼得堡、莫斯科、顿河畔罗斯托夫、下诺夫哥罗德
匈牙利（1 家）：布达佩斯
卢森堡（2 家）：卢森堡
土库曼斯坦（1 家）：阿什哈巴德
土耳其（1 家）：伊斯坦布尔
塞浦路斯（5 家）：利马索尔、尼科西亚
希腊（1 家）：雅典
德国（2 家）：柏林、杜塞尔多夫
拉脱维亚（1 家）：里加
捷克（2 家）：布拉格
摩尔多瓦（1 家）：基希讷乌
摩纳哥（1 家）：蒙特卡洛
格鲁吉亚（1 家）：第比利斯
比利时（2 家）：布鲁塞尔、根特
沙特阿拉伯（1 家）：吉达
法国（74 家）：普罗旺斯地区艾克斯、阿雅克肖、亚眠、巴斯蒂亚、巴约纳、比亚里茨波尔多、布雷斯特、夏纳、克莱蒙费朗、科尔马、库尔舍韦勒、多维尔、格勒诺布尔、拉博勒、勒谢奈、勒图凯、勒瓦卢瓦－佩雷、里尔、里昂、马赛、梅杰夫、梅斯、蒙彼利埃、米卢斯、南锡、南特、塞纳河畔纳伊、尼斯、巴黎、韦基奥港、坎佩尔、兰斯、雷恩、鲁昂、圣让德吕兹、圣拉斐尔、圣特罗佩、斯特拉斯堡、土伦、图卢兹、图尔、瓦勒迪泽尔、瓦讷、凡尔赛
波兰（2 家）：华沙、格丁尼亚
爱沙尼亚（1 家）：塔林
瑞士（4 家）：日内瓦、蒙特勒、苏黎世
直布罗陀（1 家）：直布罗陀
立陶宛（1 家）：维尔纽斯
英国（4 家）：伦敦
荷兰（1 家）：阿姆斯特丹
葡萄牙（4 家）：丰沙尔、里斯本
西班牙（18 家）：阿利坎特、安道尔、巴塞罗那、坎布里尔斯、休达、韦फ्रनेका、赫罗纳、马德里、马贝拉、潘普洛纳、圣克鲁斯德特内里费、特内里费岛、维戈
阿塞拜疆（2 家）：巴库
马耳他（1 家）：圣朱利安

非洲：2 家
摩洛哥（1 家）：卡萨布兰卡
突尼斯（1 家）：突尼斯

大洋洲：1 家
澳大利亚（1 家）：悉尼

钻石天鹅戒指,年份不详

BVLGARI

宝格丽

意大利 • 1884

BVLGARI

宝格丽

意大利 • 1884

- Bvlgari -

1. 索帝里奥·宝格丽年轻时期； 2. 宝格丽品牌创始人：索帝里奥·宝格丽； 3. 宝格丽罗马店；
4. 索帝里奥·宝格丽和乔吉奥·宝格丽； 5. 柯斯坦提诺·宝格丽； 6. 索帝里奥·宝格丽

4.1 银匠世家

在千年文明古国——希腊的西北部伊庇鲁斯（Ipiros）地区，有一个名为卡拉里特斯（Kallarytes）的小村子，村子里的人世代以做银器为生，而宝格丽家族就生活在这里。索帝里奥·宝格丽（Sotirio Bulgari）生于1857年，是家里的第11个孩子，也是唯一幸存的一个。作为家中独子，索帝里奥小小年纪就开始跟随父亲乔吉斯·宝格丽（Georgis Bulgari）学习银器制造工艺。

奥斯曼土耳其帝国对伊庇鲁斯地区垂涎已久，被视作征服目标的伊庇鲁斯政局混乱、社会动荡，宝格丽一家被迫迁徙流浪，辗转寻求安稳居所。1877年，一家人来到位于希腊西部的科孚岛（Corfu），宝格丽家父子两人开设小工坊，白手起家，靠手艺为生。凭借一手高明的银雕工艺，宝格丽家小工坊的生意越做越旺。父子俩精湛的手艺更是获得当地著名的首饰古董商的赏识，父子俩开始接单，负责代理加工，生活才慢慢变得安稳了些。到了1880年，索帝里奥和一个银匠朋友结伴乘船来到意大利的拿波里（Napoli），他们合伙开了一家小银器店，在当地开始生产经营。两人的小事业开展得并不顺利，刚刚稍有积蓄就被劫匪打劫一空，索帝里奥又成了个穷光蛋。这一回，他提起行囊重新出发，在1881年2月18日抵达罗马。流亡的生活很艰难，一切重新开始的索帝里奥夜以继日地工作，给品牌做货，帮人代工，好在他拥有银器加工的绝妙手艺，订单源源不断，总算是在罗马站稳了脚跟。

- Bvlgari -

乔吉斯·宝格丽（Georgis Bulgari）和索帝里奥·宝格丽（Sotirio Bulgari）创作的银器，18世纪70年代至20世纪10年代

4.2　贵族旅游岛

　　1884 年春天，索帝里奥在西斯提那（Via Sistina）大道 85 号开设了第一家宝格丽专卖店，以"大理石、金属、木器精美艺术品"为类别注册公司。索帝里奥能够在罗马取得成功，全凭他的辛勤工作。他就住在店铺后头，前店后坊的模式。每日清晨天还没亮，索帝里奥就开始忙碌了，制造银件、压花做浮雕，一直工作到深夜。

　　索帝里奥是个头脑灵活的商人，他注意到，光顾专卖店的大客户除了罗马人，更多的是来自欧洲的游客，他们大多喜欢传统工匠制作的有民族风味的首饰。在当时，有很多欧洲贵族会到意大利的海岛上去休假，索帝里奥看准这个商机，开始在贵族长驻度假的岛屿和旅游胜地布点设店。店面不大，但凭借产品艳丽的色彩和精致的做工，带有浓郁异族风情的首饰很是吸引人。创业初期，宝格丽就获得游客的青睐与支持，吸引了一大批贵族顾客。

　　索帝里奥将自己过去在希腊时期掌握的传统工艺用在了意大利的生产上。在 19 世纪 80 年代，他制作的银饰多多少少还带有父亲那个时代的"新希腊"的影子，装饰元素多包括古希腊神话、寓言故事。希腊工匠制作的古希腊传统工艺在罗马独具特色，宝格丽专卖店因此而大放异彩、生意兴旺。他一面开设分店、扩张市场，一面开始从希腊家乡的亲朋好友中招揽经验丰富、手艺精湛的工匠。不仅如此，他还会招募有天赋的人才，跟在身边当学徒，亲自带出一批有能力的匠人。

　　生意不断扩张后，宝格丽经常接到欧洲游客的大批量订单，他开始尝试推出融合了多样化风格的"纪念性首饰"。从 19 世纪 90 年代开始，索帝里奥逐渐淡化了"新希腊"的概念，开始采用一种更轻巧柔美的风格，用花卉、枝叶镂空图案代替了原来的天使、神明和守护兽这样的意象，线条曼妙流畅。

"莎特兰"腰链及腰带扣,1895 年至 1905 年间

4.3 百年旗舰店

宝格丽家族到了第二代人有 6 个兄弟姐妹,都出生在意大利,并且在意大利接受教育,因而,宝格丽深受意大利风格的影响,到了第二代人,宝格丽品牌的风格特色逐渐明朗。

20 世纪初,宝格丽的第二代当家人以柯斯坦提诺·宝格丽(Costantino Bulgari)和乔吉奥·宝格丽(Giorgio Bulgari)两兄弟为代表。柯斯坦提诺对意大利手工银器的制作着迷,他潜心钻研首饰技艺,是当时意大利著名的古董收藏家。多年后,柯斯坦提诺出版了著作——《银匠、宝石专家和金银首饰匠》(Argentieri, Gemmari e Orafi),系统地整理了意大利历史上各个年代的金匠、银匠和金银工艺,这本书至今仍然是研究意大利金银器的重要典籍。而柯斯坦提诺所达到的学术地位,也推动了宝格丽在珠宝界的分量的提升。乔吉奥则在宝石的选购和首饰的创作上有着浓厚的兴趣,他从 15 岁就开始在工坊里学习首饰制作,时常跟随父亲去海外,带着年轻人对新鲜事物的敏锐度,获得首饰设计信息及制作技艺。兄弟俩相互配合,逐步接手宝格丽的经营管理,担起家族事业的重任。宝格丽的名号在第二代人的努力下逐步闻名世界。

在第二次世界大战期间,宝格丽家族也经历过一段时期的困顿。意大利作为轴心国之一,展开了法西斯侵略战争,给意大利人民和其他国家带来了深重的灾难。在 1943 年的一天,罗马的犹太人区遭遇突然袭击,纳粹展开绞杀犹太人的活动。那天夜里,3 个犹太女人敲响了宝格丽家的门,柯斯坦提诺和他的妻子劳拉·宝格丽毫不犹豫地将门打开,他们冒着生命危险收留了这些犹太人。在他们的悉心照料下,这些身心俱疲的犹太人得到了很好的保护。由此可见,宝格丽家族不仅仅有艺术感,有商业头脑,还有一颗善良的心。

宝格丽三兄弟（从左至右）：詹尼、尼古拉、保罗　　　　　第四代人，宝格丽常务董事弗兰奇斯科·特拉帕尼

　　乔吉奥·宝格丽（Giorgio Bulgari）1996年去世，宝格丽首饰店的经营权传到他的3名儿子手中。詹尼·宝格丽（Gianni Buglari）、保罗·宝格丽（Paolo Buglari）、尼古拉·宝格丽（Nicola Buglari）三兄弟开始意识到，首饰业需要现代化，宝格丽想要进一步发展、提升知名度，就必须走出国门，在全球富人经常光顾的地方布店。20世纪70年代，宝格丽开始在海外开设分店，努力拓展全球市场。而正是在这些年里，宝格丽开始涉足钟表界。

　　1984年，作为宝格丽家族的第四代人，年仅27岁的弗兰奇斯科·特拉帕尼（Francesco Trapani）被身为董事长的保罗和副董事长尼古拉的两位舅舅任命为常务董事，接管宝格丽公司。在他的领导下，一贯保守的宝格丽公司寻求转变，全球布局，到处都有宝格丽，并在珠宝的基础上，将经营品类延伸至香水和服饰配件，让品牌内涵更加多元化。弗兰奇斯科把红配绿的这种美妙的组合向全世界传播，已经实现了在全世界最具影响力的珠宝商的名号。

4.4 群星璀璨

得益于经济的繁荣发展,在 20 世纪 50 年代和 60 年代,罗马的电影业兴旺发达,罗马也因此一跃成为全球文化中心,这座城市中最出色的珠宝商宝格丽在演艺界赢得大量客户,许多大名鼎鼎的影坛巨星都成为了宝格丽的忠实顾客。

对于伊丽莎白·泰勒(Elizabeth Taylor)而言,珠宝是纯粹的快乐源泉,她的珠宝收藏以丰富珍贵闻名于世。而这位电影明星正是宝格丽的狂热拥趸,对宝格丽的首饰怀有偏爱。她许多独一无二的藏品均是宝格丽的代表之作。共同出演《埃及艳后》的理查德·伯顿(Richard Burton)与伊丽莎白·泰勒假戏真做,理查德送给她的第一件礼物就是一枚宝格丽的戒指,镶有一颗约 7.40 克拉的八角形的祖母绿,主石周围点缀着光环式组合的水滴形钻石。理查德曾说过:"伊丽莎白唯一认识的意大利词语就是 Bvlgari。"

1964 年,索菲亚·罗兰(Sophia Loren)的宝格丽耳环被盗,这位意大利国宝级美人竟当着众人的面不顾形象地哭了起来,即便已经拥有那么多珠宝首饰,她还是对于心爱的耳环的丢失心痛不已。

2002 年,奥斯卡晚会,宝格丽的设计师们和妮可·基德曼(Nicole Kidman)本人合作,创作了一条项链:项链以黄金和铂金制成的许多小链子,其上有 16 颗总重量为 241 克拉的未经切割的八面体钻石,钻石呈天然双金字塔形状。

宝格丽铂金镶嵌蓝宝石钻石长项链，主石为重达 65 克拉的缅甸圆锥形凸面弧形切割蓝宝石
理查德·伯顿送给伊丽莎白·泰勒的 40 岁生日礼物

4.5　宝格丽括号

宝格丽的风格具有鲜明的印记：简洁流利的摩登设计、独树一帜的宝石镶嵌、切割与浓艳华丽的色彩运用。

20世纪80年代，需要盛装出席的场合越来越少，服饰类型也愈发单调，人们不再想要一些只是在重要场合才能佩戴的装饰品，传统的高档首饰逐渐失去市场。女人们开始追求易于佩戴的首饰，并且可以与不同服装相互搭配的首饰。在这样的市场下，宝格丽开始转变首饰生产理念。1982年，宝格丽推出"括号"（Parentesi）系列首饰，宝格丽"括号"堪称品牌的经典之作。将"括号"作为模块，这样的模块可以适应任何类型的首饰，不但可以作为戒指上的单独元素加以运用，还可以重复多次组成样式。宝格丽"括号"的价格让人易于接受，方便佩戴，具有较强的装饰性，又具有较高的辨识度，更重要的是它适合各种场合。 女人不再想要一些只是在重要场合才能佩戴的装饰品，而需要一些可以经常佩戴，并可以与不同服装相互搭配的首饰。适合佩戴就成为了现代首饰的重要特点。

"括号"系列，1982年创制

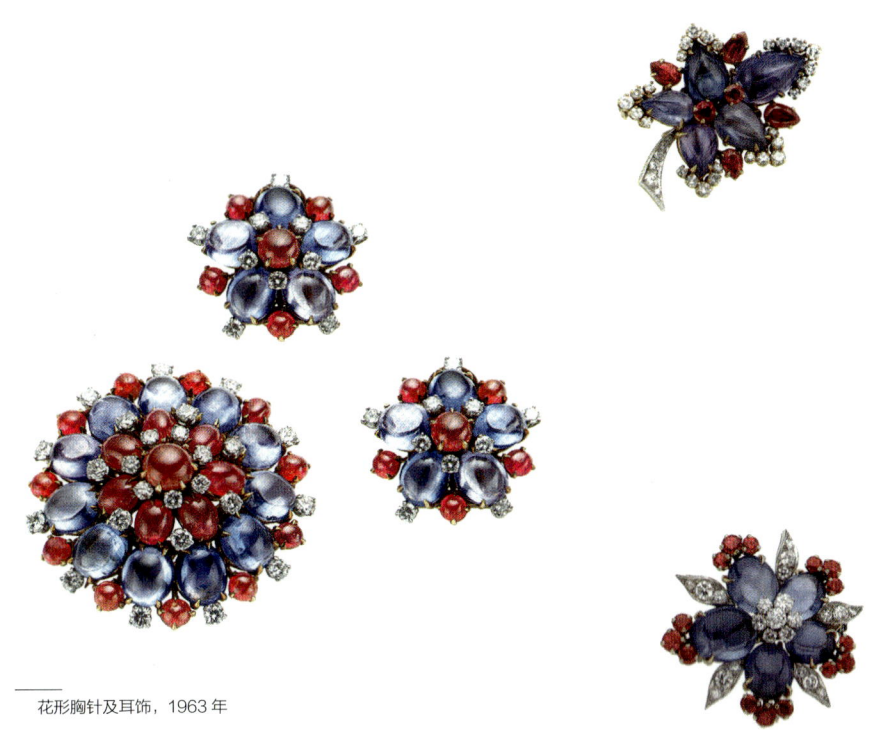

花形胸针及耳饰，1963 年

当时，最时兴的宝石镶嵌方式是爪镶，用金属爪扣住宝石，既稳定又容易操作，镶石工匠只用花较短的时间就能掌握。但爪镶上的爪容易钩挂衣物，如果宝石较大，用爪镶也不够牢固。而宝格丽推出了一种新的镶嵌方式——包镶，用金属边把宝石四周围住，十分稳固。这一镶嵌方式来自希腊传统首饰的启发，独具特色。

同样是受到传统首饰的启发，宝格丽通过采用磨光工艺与特别的色彩搭配，增加作品的体积感。宝格丽特别强调彩色宝石在首饰中的重要性，自认"色彩"是其设计的精髓。随着时间的推移，颜色的搭配越见大胆，从蓝绿两色的组合过渡到红蓝绿三色的组合。红蓝绿色彩组合，在当时大珠宝商的作品中并不常见，确是宝格丽独树一帜的特色。金属则主要采用 18K 的黄金，在这样的不同颜色的搭配下，带有强烈的色彩冲突，显得艳丽又贵气，而这样的效果并不容易达到。为了让彩色宝石色彩显现更为浓艳，外观造型产生浑圆的感觉，宝格丽的宝石都是特磨的圆凸面宝石，更加圆润完美。

弧面琢型浅色调彩宝套件,约 1955 年至 1956 年间

黄金围兜形项链与配套耳饰,1965 年

宝格丽从一个银匠世家出身，走过了难以想象的生活旅程，艰难困苦的生活逼迫着他们不断前行，向一个新的地方、新的领域去扩张。作为一个品牌的经营者，面对蜿蜒崎岖的前行道路，是埋怨世道的不公还是努力寻求改变？除了保持**初心**、严苛**坚守**自己的工艺标准以外，更要有积极的态度，宝格丽是这么做的。从创始人到宝格丽家族的后人，他们一直秉承着**匠人精神**和积极的态度，不断地**调整**和发展，**适应**着日益改变的市场。

- Bvlgari -

全球布店：
261 家门店 47 个国家和地区

中国（34家）：北京、长春、长沙、成都、重庆、广州、杭州、哈尔滨、济南、南京、青岛、三亚、上海、沈阳、深圳、苏州、天津、武汉、无锡、西安、郑州

中国香港（12家）

中国澳门（8家）

中国台湾（9家）：台北、桃园、台中、高雄

日本（46家）：千叶、大阪、福冈、东京、东京都立川市、广岛、神户、京都、爱媛县、爱知县、冲绳、北海道、宫城县仙台市、横滨

韩国（23家）：首尔、釜山、大邱、光州、仁川、济州岛、蔚山、龙仁、城南

哈萨克斯坦（1家）：阿拉木图

阿拉伯联合酋长国（5家）：阿布扎比、迪拜

沙特阿拉伯（3家）：胡拜尔、吉达、利雅得

约旦（1家）：安曼

荷兰（1家）：阿姆斯特丹

美国（15家）：亚特兰大、贝弗利希尔斯、波卡拉顿、Chevy Chase、芝加哥、科斯塔梅萨、达拉斯、檀香山、休斯顿、拉斯维加斯、迈阿密、纽约、保罗哈博、肖特山、旧金山

哥伦比亚（1家）：波哥大

阿塞拜疆（1家）：巴库

印度尼西亚（5家）：巴厘岛、雅加达

泰国（5家）：曼谷

西班牙（9家）：巴塞罗纳、马德里、马贝拉、马略卡岛、塞维利亚、巴伦西亚

黎巴嫩（1家）：贝鲁特

德国（8家）：柏林、杜塞尔多夫、法兰克福、汉堡、叙尔特岛、科隆、慕尼黑

加拿大（1家）：多伦多

关岛（1家）：杜梦湾

比利时（1家）：布鲁塞尔

意大利（13家）：博洛尼亚、卡普里岛、菲乌米奇诺、佛罗伦萨、米兰、阿尔扎凯纳、罗马、诺维利古雷、威尼斯

澳大利亚（2家）：布里斯班、悉尼

墨西哥（3家）：坎昆、墨西哥城

法国（7家）：夏纳、库尔舍韦勒、巴黎

摩纳哥（2家）：卡萨布兰卡、蒙特卡洛

美属维京群岛（1家）：圣托马斯岛

卡塔尔（3家）：多哈

瑞士（2家）：日内瓦、苏黎世

越南（2家）：河内、胡志明市

英国（5家）：伦敦

土耳其（1家）：伊斯坦布尔

乌克兰（1家）：基辅

马来西亚（3家）：吉隆坡

科威特（2家）：科威特城

巴林（1家）：麦纳麦

菲律宾（3家）马尼拉、马卡蒂

俄罗斯（7家）：莫斯科、圣彼得堡

印度（1家）：新德里

巴拿马（1家）：巴拿马城

捷克（1家）：布拉格

厄瓜多尔（1家）：基多

波多黎各（1家）：圣胡安

巴西（1家）：圣保罗

新加坡（5家）

http://www.bulgari.com/zh-cn. 2016-5-30

绿宝石、粉色碧玺、橙色榴石、蓝宝石、黄金镶钻项链，2010 年

Van Cleef & Arpels

梵克雅宝

法国·1906

Van Cleef & Arpels

梵克雅宝

法国·1906

- *Van Cleef & Arpels* -

1. 查尔斯·雅宝； 2. 祖利安·雅宝； 3. 路易·雅宝； 4. 克劳德·雅宝和皮埃尔·雅宝在印度；
5. 阿尔弗莱德·梵克与艾斯特尔·雅宝； 6. 梵克雅宝精品店，旺多姆广场，巴黎

5.1　亲上加亲

1867年，钻石商人查尔斯·梵克（Charles Van Cleef）离开家乡荷兰阿姆斯特丹，只身前往巴黎，寻求更好的发展。短短数年间，查尔斯在巴黎混得风生水起，随即在巴黎成家立业、落户生根。1873年，查尔斯的儿子阿尔弗莱德·梵克（Alfred Van Cleef）出生了。

阿尔弗莱德自小便跟着父亲，直接接触钻石的切磨和售卖流程，在这样的耳濡目染下，他越发对家族的宝石切磨生意感兴趣。起初，他选择在首饰工坊当学徒，学习金工技艺。随着和珠宝生意不断地接触，他对销售产品、与客户往来的这些工作越来越驾轻就熟，于是他开始转移目光，将更多的精力投射在珠宝销售领域，从事和销售有关的工作。

雅宝家族（Arpels）同样是来自于荷兰的珠宝世家，与梵克家族有远亲的关系。继承家业的阿尔弗莱德·梵克与雅宝家族的女儿艾斯特尔·雅宝（Estelle Arpels）相识，艾斯特尔·雅宝自身散发的精明能干的品质强烈地吸引着阿尔弗莱德·梵克，同时她也被阿尔弗莱德·梵克的个人魅力深深折服，两个年轻人就这样相爱了。

1896年，他们如同这世上每一对惺惺相惜的恋人一样，踏上了婚姻的红毯。不同于其他恋人的是，他们二人都对宝石怀以深切的热爱。然而正是带着这份热爱，以及他们天生秉持的对宝石的信念，使得他们一同在珠宝事业上互相扶持、越走越远。

5.2 联姻联营

艾斯特尔有三兄弟,查尔斯(Charles)、祖利安(Julien)、路易(Louis),两个拥有共同行业背景的家族亲上攀亲,再加上彼此志同道合,很快便合伙做起生意来。

艾斯特尔·雅宝和阿尔弗莱德·梵克的结合促成了梵克雅宝(Van Cleef & Arpels)的诞生。1906年6月16日,梵克雅宝的第一家精品店在旺多姆广场22号开业。梵克雅宝的店面正对着大名鼎鼎的丽兹酒店(Hotel Ritz),丽兹酒店吸引着世界上最尊贵的客人在这里入住或就餐。自诞生之日起,梵克雅宝便广为各国贵族和商业巨头所熟知和钟爱,全凭上乘的宝石和材质,精湛的镶嵌技艺、匠心独具的设计理念,再加上店铺绝佳的选址,作为最早进驻旺多姆广场的珠宝商之一,梵克雅宝的精致珠宝深深吸引着各界名流权贵。

1906年,阿尔弗莱德与艾斯特尔的弟弟查尔斯合作,查尔斯是天生的销售人才,位于旺多姆广场22号的精品店由查尔斯负责经营和管理,艾斯特尔则负责管理公司账目。两年后,艾斯特尔的弟弟祖利安加入公司阵容,他是当之无愧的宝石鉴定专家,他前往世界各地,去搜寻奇珍异宝。1912年,艾斯特尔最小的弟弟路易也随之加盟,他擅长交际,凭借英俊的外表和幽默感,结实了不少显贵名流,为公司拓宽销售。梵克雅宝形成了真正的家族企业,越发地蓬勃发展。

亚洲风格别针,1949年

5.3　隐秘镶

梵克雅宝的诞生正值 20 世纪初期，在当时的法国，第二代新贵初长成，世代人累积下来的雄厚资产尚未被挥霍殆尽。此时的俄国正值社会变革，许多俄国贵族背井离乡，携万贯家财群集法国；而在大洋彼岸的美国，新兴权贵们皆视法国巴黎为流行时尚风向标……对于法国珠宝首饰界而言，这真是一个充满生气的年代。

和其他世界顶级珠宝品牌相比，梵克雅宝的起步时间相对较晚，这时的贵族皇室已不见往日风光，奢华风气渐退，靠大颗粒高品质的珠宝首饰抢占市场的时代已经过去，梵克雅宝另辟蹊径，走上了创新发明的道路。

1930 年，在一次晚宴上，查尔斯·雅宝无意中发现，一位优雅的夫人将口红、化妆镜等随身物品装入一个精致的银质香烟盒当中，他心生灵感，或许他可以设计一款既能盛装化妆品等小物件的化妆盒，同时又是一件艺术品的晚宴提包。没过多久，梵克雅宝发明了百宝匣，引得各大珠宝品牌争相效仿，百宝匣在贵妇名媛之间蔚然成风，这股风潮贯穿了整个 20—40 年代。贵妇们以拥有一款精美奢华的百宝匣参加社交宴会为荣。

这个新产品有一个特别的名字——米诺蒂耶（Minaudière）。在法语中，这个单词常用于形容好作媚态的、爱撒娇的人。风情万种的人和太过精美又细巧的东西，似乎都会落得此名。米诺蒂耶的名字取自查尔斯，他开玩笑似地说到，命名的灵感来源于姐姐艾斯特尔特有的女性魅力。他大概没有料到，这个玩笑似的名字竟传遍全球，米诺蒂耶成了晚宴手包约定俗成的名字。

梵克雅宝的另一项闻名遐迩的发明是于 1934 年申请了专利的隐秘式镶嵌法。运用这项鬼斧神工的专利技术制作的珠宝，一颗颗宝石紧密有序地拼接成面，饰品正面完全看不见金属镶座或镶爪，转折处流畅自然，饰品整体简洁悦目。

隐秘式镶嵌是一个耗时耗力、过程繁复的工艺，镶座与宝石都要经过细心雕刻。专业的工匠用黄金或白金的金属细线打造方格镶座，每个方格的直径必须绝对精确。切磨宝石的工匠会在每颗宝石的底面切割出一条特别的沟槽，然后将宝石准确地沿网格线一个一个固定在金属方格中。

- Van Cleef & Arpels -

牡丹胸针,梵克雅宝典藏系列,1937 年

百宝匣,1934 年
太阳光芒纹路,红宝石隐秘镶

5.4　大画家

第一次世界大战爆发后，梵克雅宝首饰店的生意自然受到了波及。查尔斯、路易相继被应征入伍，自幼体质欠佳的阿尔弗莱德未能奔赴战场，留在巴黎苦撑生意。战争期间，艾斯特尔时常去到医院，做义工料理病人。法国政府特意为她的奉献之举颁赠奖章，不仅如此，她还寻得了一位乘龙快婿。她曾照顾过的身负重伤的年轻军官皮桑（Puissant），机缘巧合之下，皮桑与阿尔弗莱德和艾斯特尔唯一的宝贝女儿蕾妮·梵克（Renee Van Cleef）相识相恋，两人情投意合，在父母亲的祝福下结为美眷。

蕾妮有极高的设计天赋，设计构想不断，苦于自己不善绘画技法，她四处寻访绘画能人。几番寻觅，她找到了知名的画家兼设计家拉卡斯（Rene Sim Lacaze）。由拉卡斯亲自执笔，根据蕾妮的设计构思，画出设计图。制作出的首饰皆有明显的专属于蕾妮的设计风格，高贵迷人。

到了 20 世纪 80 年代，为了为梵克雅宝的珠宝造势，推出品牌新形象，梵克雅宝推广一个新口号：与艺术结合。他们甄选了艺术史上数位名家之旷世杰作，内容皆是美丽的女子画像与雕塑作品，并为她们佩戴上梵克雅宝的亮丽珠宝。

文艺复兴早期意大利画家波提切利（Sandro Botticelli）的画作

波兰艺术家塔玛拉德兰陂卡（Tamara De Lempicka）的画作

5.5 伊朗皇后

埃及公主法丝亚·福阿德(Fawzia Fuad)在1939年嫁入伊朗王室,她的丈夫穆罕默德·礼萨·巴列维(Mohammad Reza Pahlavi)是当时的伊朗国王的长子。梵克雅宝为这场世纪婚礼精心打造了大量华丽的珠宝配饰,在这之后,法丝亚王妃成为了梵克雅宝的忠实顾客,在梵克雅宝购买了许多珍宝。二人成婚两年后,巴列维继承王位,法丝亚成为了伊朗皇后,可这段政治联姻维持了不到6年就宣告结束。

1959年12月,巴列维迎娶端庄秀丽、优雅动人的法拉赫(Farah)。1967年10月26日加冕年,法拉赫成为伊朗历史上第一个加冕王后,而法拉赫佩戴的皇后加冕冠正是由梵克雅宝倾力打造的作品。后冠总共镶嵌了1646颗宝石,均出自伊朗中央银行的国库,其中包括1469颗钻石、36颗祖母绿和105颗珍珠以及36颗红宝石和其他璀璨宝石,当然,最为惊艳的是后冠中央镶嵌的一颗150克拉的祖母绿。

巨星格蕾丝·凯莉(Grace Kelly)与摩纳哥亲王雷尼尔(Prince Rainier)的浪漫姻缘令人艳羡,早在婚礼之前,他们就迈进了梵克雅宝在纽约的专卖店,选购了一套三排式的珍珠项链、手链、耳环和戒指。没过多久,梵克雅宝就正式获封为"摩纳哥公国御用供应商"。梵克雅宝和摩纳哥王室的情缘还延续到了下一代,1978年,格蕾丝王妃头戴由梵克雅宝打造的铂金王冠,出席女儿卡罗琳(Caroline)与菲利普·朱诺(Philippe Jugnot)的婚礼晚宴,王冠上镶嵌的各式钻石总计重达77.34克拉,这顶王冠原本是一条项链,在梵克雅宝的特别设计和精心打造之下,竟成为了一顶惊艳的王冠。

中东王室还曾向梵克雅宝订购了30个设计完全相同的米诺蒂耶百宝匣,每一个百宝匣上都镶满了珍珠和钻石,价值连城。据说,专门定制30个一模一样的百宝匣是为了平衡后宫的30位妻妾,避免她们在后宫争风吃醋。

历史上有名的温莎公爵夫人,也一直是梵克雅宝的大主顾。1937年,夫人与公爵举行婚礼时,她就佩戴了梵克雅宝设计制作的别针。有一回,温莎公爵请当时的设计总监蕾妮为她设计了一样特殊的首饰——一个白金镶钻的拉链坠子,作为她一件带拉链的晚礼服的配饰。这次的设计进一步激发了蕾妮的创作灵感,多年之后,蕾妮带来了一件别出心裁的设计,首饰名为拉链(Zip),以拉链为设计原型,当拉链拉开时,是一条可佩戴在颈际的项链,将拉链拉上,项链就成了一只别致的手镯。拉链头由黄金打造,上面镶满了钻石,拉链的两边,也镶满小钻。这堪称是世界上最奢华的拉链。

伊朗皇后加冕冠，1967年

- 世界珠宝品牌简史 -

摩纳哥格蕾丝王妃殿下婚嫁珠宝系列,1956 年

钻饰珍珠项链，摩纳哥格蕾丝王妃殿下婚嫁珠宝系列，1956 年

5.6 大战前夕

阿尔弗莱德和女儿蕾妮相继过世，店铺的主要经营权逐步转移到了雅宝家族手中。祖利安的三个儿子克劳德（Claude），雅克（Jacque），皮埃尔（Pierre）纷纷加入家族企业。克劳德毕业自名校哈佛，在文学和艺术方面颇有造诣。皮埃尔个性活泼，是最好的公关人才。雅克似乎对做生意最在行，经过一段时间的工作磨练，以及长辈的提携，刚刚二十出头，他就接管了巴黎总店。第二次世界大战爆发后，雅宝家族的家族成员横渡大西洋、迁往纽约。

克劳德·雅宝(Claude Arpels)与路易·雅宝（Louis Arpels）有着敏锐的商业触觉，为了强化梵克雅宝在国际市场中的地位，他们认真调整策略，打算进军美国大陆。20世纪20年代，梵克雅宝初涉美国市场，打探在美国开设分店的可能性，分析可能存在的问题，以适应美国市场的需求。1939年，梵克雅宝参加世界博览会，在展览会上，梵克雅宝很受欢迎，招揽了不少生意和关注。梵克雅宝分别于1940年、1942年在棕榈滩（Palm Beach）和纽约著名的第五大道（Fifth Avenue）744号开设精品店，打入纽约的上流阶层。为了迎合新市场的品位，他们聘请专业工匠，开拓出黄金、半宝石与其他材质的更多市场，这股风潮又从美国蔓延回欧洲。

1954年，梵克雅宝在旺多姆广场总店隔壁，推出了精品店。在精品店中的饰物，不像原来总店中的那些珠宝独一无二、价值连城。设计上不过分华丽，感觉也较为活泼年轻、平易近人，适合日常佩戴。这个新部门的定位迎合了一批新的客户群，他们大多没有显赫的声名、万贯家财，但是他们也有一定的经济实力，偶尔奢侈一番，满足自己的饰美需求，这个有潜力的市场不可忽视。然而，就是这样的一个新部门的营业额，在整个店铺的销售总额中竟高达70%。梵克雅宝越发地意识到，时代已经变了。

许多世界级的饰品店都通过扩展经营品类的方式来增加生意，扩充市场，梵克雅宝也不例外。在1976年，梵克雅宝推出名为"第一"的香水产品，事实上，正如其名，梵克雅宝推出的香水确实在很长一段时间内稳占第一，之后又趁势推出了三四款男用、女用香水。1949年，梵克雅宝还开始生产钟表，并且维持着高水准、不量产的原则。

梵克雅宝花形首饰套件，1970 年

梵克雅宝这一品牌的成功离不开两个重要因素。一方面是人之间的联系，多数珠宝商是一个家族的事业，而梵克雅宝起步于**亲套亲**，是两个家族的强强联合。一方擅长首饰设计工艺，一方精晓钻石和各类宝石，两家**联姻**，在这个亲上加亲的体系中，每个人的特质都得以充分发挥。而另一方面则是源于掌门人对于**产品创新**的执着。梵克雅宝起步较晚，错过了与皇室结缘的最佳时机。在品牌发展的压力下，梵克雅宝寻求创新，力图让产品在结构和风格上具有不可替代性。米诺蒂耶、隐秘镶、一饰多戴……皆是梵克雅宝的新发明。当人们的思维都局限于如何固定宝石时，梵克雅宝打造出的是别人不曾想象的结构，在宝石腰部刻槽，以实现弧形的隐秘镶，甚至是旋转的隐秘镶。梵克雅宝不仅克服了结构上的限制，还彻底改变了首饰的镶嵌方式和佩戴方式，就如找到了一步登天的阶梯，树立了**不可替代**的品牌地位。

- *Van Cleef & Arpels* -

全球布店：
112 家门店 27 个国家和地区

亚洲：59 家
中国（14 家）：北京、成都、杭州、哈尔滨、南京、上海、沈阳、武汉
中国香港（6 家）
中国澳门（3 家）
中国台湾（4 家）：台中、台北
新加坡（3 家）：新加坡
日本（17 家）：东京、福冈、神户、京都、名古屋、冲绳、大阪、札幌、仙台、横滨
韩国（7 家）：釜山、济州岛、首尔
泰国（1 家）：曼谷
马来西亚（1 家）：马来西亚
哈萨克斯坦（1 家）：阿拉木图
卡塔尔（1 家）：多哈
阿塞拜疆（1 家）：巴库

北美洲：27 家
美国（25 家）：阿斯本、纽波特比奇、阿拉莫纳、亚特兰大、贝尔维尤、贝弗利希尔斯、博卡拉顿、夏洛特、芝加哥、科斯塔梅萨、达拉斯、夏威夷、休斯顿、拉斯维加斯、曼哈塞特麦克莱恩、麦克莱恩、迈阿密、那不勒斯、怀特普莱恩斯、纽约、旧金山、修特山、怀特普莱恩斯
加拿大（2 家）：多伦多、温哥华

中东：8 家
阿拉伯联合酋长国（2 家）：阿布扎比
沙特阿拉伯（3 家）：吉达、利雅得
科威特（2 家）：科威特城
巴林（1 家）：麦纳麦

欧洲：17 家
俄罗斯（3 家）：叶卡特琳堡、莫斯科
法国（4 家）：戛纳、巴黎
英国（3 家）：伦敦
瑞士（2 家）：日内瓦、苏黎世
土耳其（1 家）：伊斯坦布尔
乌克兰（1 家）：基辅
意大利（2 家）：米兰、罗马
摩纳哥（1 家）：摩纳哥

南美洲：1 家
巴西（1 家）：圣保罗

Indian 项链，1971 年，私人珍藏系列
梵克雅宝多元化可转换式珠宝设计的经典范例

MIKIMOTO

御木本

日本・1907

MIKIMOTO

御木本

日本・1907

- *Mikimoto* -

1.御木本品牌创始人：御木本幸吉； 2.专业受训人员为珍珠蚌植入内核； 3.御木本珍珠店（银座）；
4.珍珠蚌养殖排； 5.御木本黄金珠宝加工厂； 6.珍珠内核植入； 7.御木本幸吉亲自焚毁不符合御木本品质标准的珍珠

6.1 面馆少年

日本三重县的志摩岛上有一个小镇叫鸟羽镇，安政 5 年 1 月 25 日（1858 年 3 月 10 日），在镇上的一个普通小面馆里出生了一个小男孩，叫做御木本幸吉。因为家里很穷，作为长子的御木本到 11 岁就辍学了。他每天帮家里买菜和处理各种杂事，可他人小心大，总在寻思着如何赚钱养家。那时候，正是统治长达两个半世纪的幕府政权刚刚被推翻，天皇重新掌权，明治维新开始了。日本通向世界的大门重新被打开，而在此之前，闭关锁国的日本跟外界几乎没有任何经济交往。在大洋彼岸迅猛发展的美国希望能与东方建立贸易往来，便派来了舰队。

御木本 17 岁那年的一天，大雾弥漫的海面，一艘战舰悄悄驶进了鸟羽镇的码头，这艘名为银舰的战舰上，枪炮在青灰色的晨雾中若隐若现。军舰长时间停靠，吃喝补给可不能断，镇上的居民们想把蔬菜、水果和鸡蛋卖给他们，就划着小船去靠近大军舰。其中就有年轻的御木本，他划着小船来到舰舷边，刚想登舰便被哨兵厉声喝止。其他人见船员这么不友善，吓坏了，赶忙开溜，御木本并没有走远，他把船往远处划开一段距离，在那开始耍起了把式。

御木本仰面平躺，双脚灵活地瞪着船桨，同时他还将船里的鸡蛋和土豆三个五个地抛入空中，双手一抛一接让人眼花缭乱。长期待在船上的海员们可从没见过这新鲜玩意儿，不一会儿，甲板上就围起了一圈人，全堆在那看热闹。兴致勃勃的海员们更是邀请御木本登船表演。还是那套杂耍，御木本也只会那一套。海员们连连喝彩，买下了御木本带来的所有蔬果和鸡蛋，还不忘邀请他日后常来。银舰号在鸟羽镇停留的那段时间里，御木本天天登船兜售他在岸上买来的蔬菜。这样做生意可比守着小面馆强多了，小小的面馆再也装不下御木本做大生意的野心。

- Mikimoto -

  御木本有勇有谋，在鸟羽镇有过一次特别轰动的事件就是御木本引起的。1885 年的一天清晨，出海的渔船归来，带回了前所未有的大丰收，银鳍鱼铺满整片海滩，总数竟达到 80 万条。按往常市场的需求总量也就是 60 万条，供过于求后，20 万条鱼该如何处理？横滨和大阪的买主闻讯赶来，商船停靠在港口外，这些鱼贩子都商量好了，就等着鱼变质、散发恶臭时再以地板价通通收购。是让这些鱼就这么沦为肥料还是做亏本买卖？靠海为生的鸟羽镇居民们可愁坏了。御木本这天恰好在理发馆剃头，无意间听到了旁边剃头的说起这事，他激动得怎么也坐不住了。御木本当即就想出个好主意——自己雇船卖鱼去。花钱雇船这件事，渔民们可是想都不敢想的，那大轮船租一天就是一笔大钱。可御木本想试试去租船，走之前他嘱咐大伙儿，通知鸟羽镇的全体渔民，绝不能赔本卖掉剩下的 20 万条鱼。御木本火急火燎地往外冲，找了一个两人拉着跑的特快黄包车，直奔 15 英里外的一个造船厂。御木本竟然跟那老板说拿全体鸟羽镇人的信誉做担保，他还真没花钱就借着船了。

  静海丸，120 吨级的蒸汽动力大货船，一下装载了 8 万多条鱼，可还有十几万条，这下没辙了。好在这船劲大，蒸汽动力没有限度，只要往上添煤它就能往前跑。御木本召集渔民们赶紧去找来所有的驳船和渔船，通通装满鱼挂在这大货船后头，一个接一个地连在一起。一条大轮船后面拖了好多各式各样装满鱼的小船，浩浩荡荡地前进，准备开往东京卖鱼去。鱼贩子们的如意算盘被打翻了，他们来跟御木本谈判，御木本不让步，咬定鱼价。大老远跑来再空船回去，那些鱼贩子可亏大了，他们只好妥协，按着原来的价格买下了十几万条鱼。静海丸满载银鳍鱼从鸟羽镇出发驶往东京，全岛人欢呼御木本万岁。

6.2 蚌壳的眼泪

位于三重县志摩半岛西北部的伊势渔业、水产养殖业非常发达，盛产天然珍珠——伊势珍珠。然而在那时，珍珠只能从天然母贝中采集，收获量极不稳定，珍珠的采集全凭运气，弥足珍贵。在人们大肆捕捞、野蛮开采下，珍珠蚌逐年递减。对此，御木本心痛不已，他开始考虑通过人工养殖的方式增加珍珠的产量。

起初，御木本并不了解如何培育珍珠，只是找了块水域，将珍珠蚌搁在竹篮中投到海里去等珍珠自然形成。无人指点，全凭自己摸索，御木本在1888年设立了一个小型养殖场，尝试通过养护珍珠蚌的方式养殖珍珠。两年后，御木本带着自己养出的一小包珍珠兴致勃勃地来到日本全国博览会，参加交易。

御木本养殖的珍珠个小量少还不便宜，自然是无人问津，但他却有幸结识了当时在东京大学任教的海洋生物学家箕作佳吉（Kakichi Mitsukuri）。作为当时海洋生物方面的日本国内权威专家，佳吉教授给御木本带来了他研究出的珍珠形成理论。他认为：蚌在进食时贝壳张开，偶然会掉入沙粒或其他异物，珍珠蚌受到刺激分泌出珍珠液，会把异物裹起来往外挤，就像人的眼睛进了沙子会自然分泌泪水一样，但总有些位置一旦进了沙子，蚌壳怎么弄都弄不出来，久而久之，原本偶然掉入的沙粒被层层包裹起来，越来越大，从而形成天然珍珠，可以认为珍珠是蚌壳的眼泪。

是否可以人为的将异物植入到珍珠蚌里，促使珍珠蚌分泌珍珠液从而形成珍珠呢？这一理论在当时尚未能够得到实践的证明，御木本想试试。

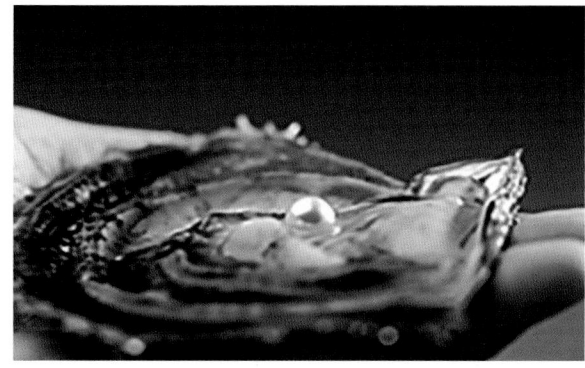

珍珠蚌

多德珍珠养殖场,御木本的屋子在山顶

珍珠岛,鸟羽镇景区,每年多达 60 万游客

6.3 他疯了

珍珠那么贵的东西，养殖珍珠一定能赚很多钱，御木本周遭的亲朋好友们有钱的出钱有力的出力，纷纷参股或是加入劳动，都跟着他干。他也十分着急，上来就将母贝中放入了一些细沙，然后将这些放在筐中的母贝沉入海里，每天都吊上来看看有没有产生珍珠，日复一日，日子一长人也就慢慢疲了。那些种进去的沙粒大多数都给排出来了，蚌壳里连珍珠的影子都没有。一次次的失望慢慢变成绝望，养殖珍珠没那么容易，那些亲友们的热情也就没那么高了。

不仅如此，老天爷还使了坏。劳心劳力苦干了 5 年的御木本在一天早晨突然发现，红色的藻类封满了整个海域，赤潮来了。水中氧气不足，蚌全死了，5 年的心血说没就没，御木本欲哭无泪，这打击对他来说太大了。攒的那些钱没了，信他的人都走了，只有一个人还跟着御木本，不离不弃陪他接着干，那个人就是御木本的妻子——梅。

在 1893 年很平常的一天，梅拿出一只成熟的蚌，一掰开看到半球的珍珠正附着在那个蚌壳的壁上，珍珠养出来了。梅叫喊着冲过去找御木本，珍珠养出来了，终于养出来了。

经过多年的努力，御木本终于成功培植出第一颗半球形的养殖珍珠，他赶忙去申报珍珠养殖专利。然而，日本此前从未接触过这类专利，专利的审批竟长达 15 个月。这是首次人工培育出的珍珠。御木本的珍珠养殖事业初露曙光，可是没过两年，他的妻子梅积劳成疾去世了，年仅 32 岁。挚爱的妻子辞世之后，御木本特别痛苦沮丧，之后很长一段时间里，他郁郁寡欢，不跟任何人来往。他曾经多次在墓地跟逝去的妻子说，他一定会养出他们一直盼望的正圆珍珠。

可谁也想不到，5 年后赤潮又来了。红藻很快遍布海面，蚌大批地死亡。随着御木本的大量投入，养殖场已形成规模，85 万只蚌，满满一海湾，全死了，这回御木本可真有点顶不住了。他把自己关在海边的实验室里和一筐一筐死了的蚌锁在一起，不吃不喝关上门一个人在里头。家里人都了解他的性子，不敢打扰，只能干着急，在外边候着。几天以后，门开了，蓬头垢面、满脸眼泪的御木本出来了。御木本疯了，他真的疯了！他乐疯了。在那几天里，御木本滴水未进，一个人在屋子里绝望地拿着刀，不断地撬开那些死去的蚌壳，撬着撬着突然滚出来一颗又圆又白的大珠子。他自己都没见过，第一次拿在手里就蒙了。专利号 13673，记载了御木本的正圆珍珠的养殖方法，这是当年全世界最重大的发明之一。

- *Mikimoto* -

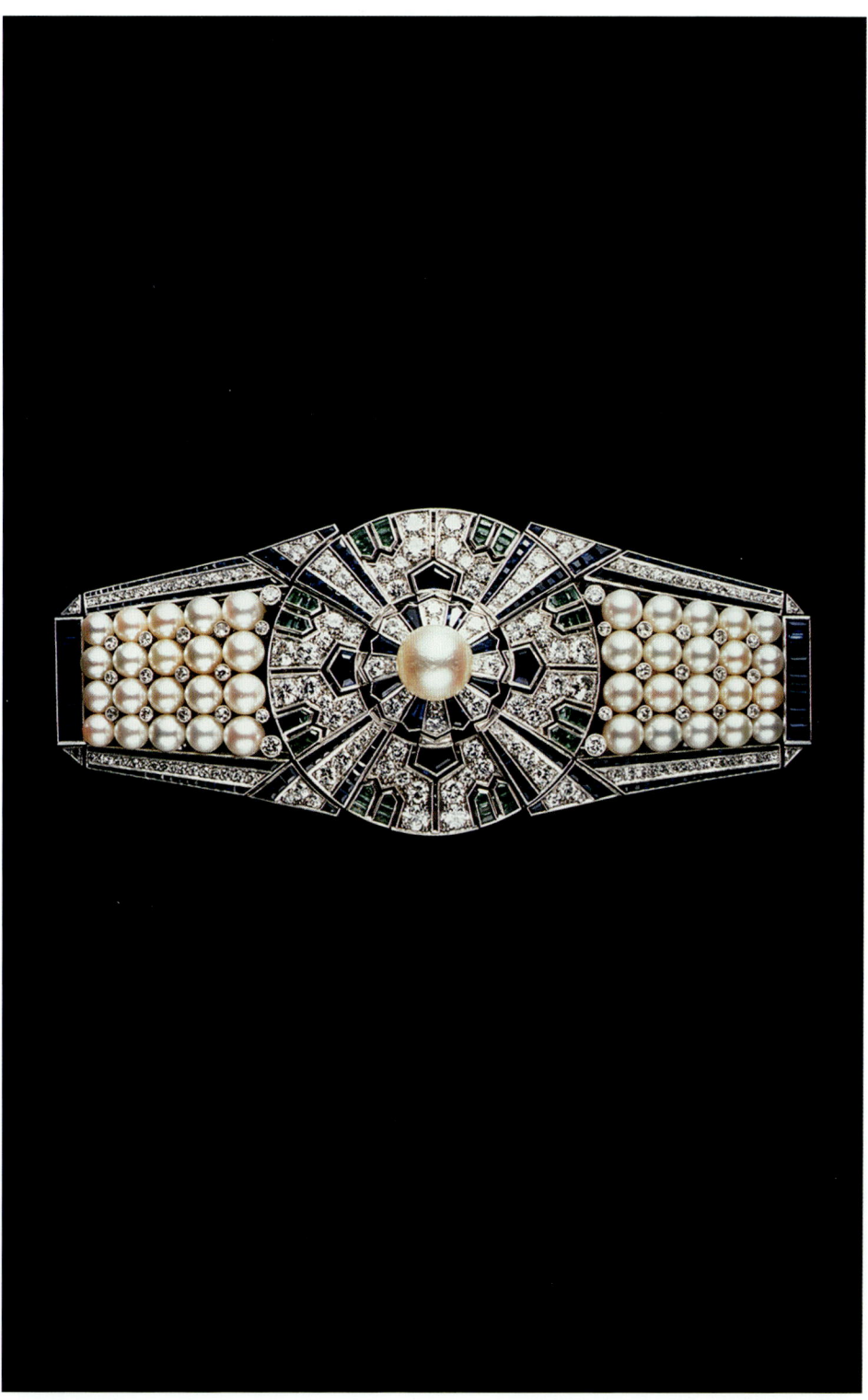

"矢车"多功能饰扣,1937 年
可分别组成饰针、戒指、头饰等 12 种装饰品

6.4　日本创造

御木本严格筛选珍珠

1905 年，日俄战争以日本取得胜利告终，明治天皇出访志摩岛参拜伊势神宫。此次行程还有一项备受关注的安排是要接见 3 位当地的杰出公民。宫廷大臣和当地政府官员们忙成一团，经过多方调查和商榷，拟列出一份名单。一位是对地方经济做出了突出贡献的木材大亨，一位是影响全日本的著名工程师，而成功养殖出珍珠还注册了专利的御木本也得到了觐见天皇的机会。

消息一出，便在当地掀起轩然大波，大家都担心御木本会在天皇面前说错话，犯下大不敬之罪，更何况，他甚至没有一身合适的衣服。当地官员和政客纷纷登门拜访，苦口婆心地劝说御木本谢绝天皇的接见。御木本不以为然，他准备了一身干净整洁的衣服，静候天皇到来。

隔了段时间，明治天皇真的来了。第一个得到天皇接见的是木材大亨，他刚进去 3 分钟便出来了，而那位工程师与天皇的谈话倒是长达 7 分钟。轮到御木本了，按照惯例，宫内大臣郑重其事地询问御木本是否愿意接受天皇的会见。御木本诚恳地表示自己十分愿意觐见天皇，还把之前政客们如何游说自己的过程一五一十地告诉了宫内大臣。宫内大臣一笑，告诉御木本他是作为杰出公民来的，天皇不会介意穿着打扮，看重的是人。

明治天皇非常亲民，御木本刚一进入大殿就被他召唤到跟前，让御木本讲讲养殖珍珠的故事。别的事不好说，养珍珠御木本可是行家，更何况熬了这么些年，故事跌宕起伏。这顿讲，一个 5 分钟过去了，又一个 5 分钟过去了，御木本语速极快，竟不间断地说了近 15 分钟。一旁的大臣都着急了，上前拽了拽御木本，天皇倒是听得津津有味。会面结束前，御木本真挚地对天皇承诺，他一定要养出大批量的正圆珍珠，不仅如此，他还要让这珍珠以日本的标准，日本制造的名义，将日本的养殖珍珠售往世界各地。17 分钟的接见，这段经历影响了御木本一生。

御木本致力于打造独一无二的高品质珍珠饰品，更因精湛的工艺获得裕仁天皇的赏识，被日本宫内省指定为皇家御用珠宝商。日本皇室成员佩戴的所有配饰均出自御木本，这是至高无上的荣誉，更是无可比拟的认可。

6.5 珍珠明灯

在当时，美国已经是全世界最发达的国家，也是对珍珠需求量最大的国家，御木本不远万里前去考察。先是到了美国第一任总统华盛顿的老家。参观总统故居时，御木本头戴小礼帽，身着日式礼服，庄重地站在华盛顿的雕像前，讲述着自己养殖珍珠的故事和经历过的种种困难。整个仪式时间不短，走过路过的人们看到此景都感到十分诧异，新闻媒体注意到了这位有趣的外国人，还把这件事报道出来了。

报道一出，御木本接下来在美国的行动更是备受关注，新闻媒体开始跟踪报道这位伟大的养殖珍珠发明人在美国的各种活动。于是有人策划了他和伟大的发明家爱迪生的会面。

这一天，御木本带着自己的养殖珍珠来到爱迪生的实验室，赠予爱迪生。这位伟大的发明家已是80岁的高龄，满头白发的爱迪生接过御木本的珍珠，眼里泪光闪烁。爱迪生也曾尝试用珍珠贝的粉黏合成珍珠，没做成。所以他自己都说，在他的实验室什么都能做，只有钻石和珍珠这两样做不了，而御木本竟成功培育出养殖珍珠，真是伟大的发明家。御木本也是激动不已，他拉着爱迪生的手说："您就像天上的月亮，您的伟大发明照亮了全人类，而我自己不过是群星中的那一颗。" 两位发明家相见恨晚，拉着手互表敬佩之情，说着说着爱迪生老泪纵横。《纽约时报》报道了这两位惺惺相惜的发明家的世纪邂逅，一夜之间，御木本和他的珍珠在美国声名鹊起。

爱迪生亲笔写给御木本的信件

珍珠胸针，和风设计

20世纪20年代，御木本来到中国。他从上海日益繁荣的经济中看到了中国人对珍珠饰品的旺盛需求，当即计划在上海开店。而在当时，上海珠宝业已初具繁荣景象，金店银铺和珠宝店林立，要想出类拔萃并不容易。开业典礼在即，按照御木本的老习惯，准备了一个一个小杯子，杯子里装满钱币，准备分送给来参加开业典礼的各位名媛。给别人真钱，每一杯都按量分装。开业当天，御木本却不按套路出牌了。他把钱币摞成一堆，一把一把地抓给走过路过的名媛和贵妇。管理人员一看此举特别着急，担心御木本会赔钱。但御木本的助理很了解他，没拦着，他知道这老头儿心里有底，手上更是一抓一个准，绝不会比那小杯子里给的钱更多。这样的气氛很好，传播广泛，MIKIMOTO在上海一炮打响。

名声响亮了，招顾客也招贼。新店开业没多久，保险柜被炸开了，里面的钱和珍珠都被盗走了。听闻这一消息，御木本反而高兴坏了。上海各大报纸头条广而告之，御木本重金悬赏征集线索。一千大洋可不是笔小数目，人们议论纷纷奔走相告，很快，大案告破，俄罗斯大盗落入法网，MIKIMOTO在上海迅速成为世人皆知的珠宝店。

6.6　和风徐徐

为了推动日本现代珠宝设计和工艺的形成和发展，御木本不惜花重金派遣人员远赴欧洲学习深造，研究欧洲珠宝设计及自古传承的制作工艺，甚至自己还亲自设计过珍珠饰品。

不仅如此，他更渴望的是能够确立 MIKIMOTO 独有的珠宝设计风格。御木本潜心研究日本传统服饰和古已有之的工艺，结合大和民族的文化，打造和风首饰。清新自然的形态、简洁淡雅的色彩，装饰性强又适于佩戴的结构，让人一眼便能辨认出是 MIKIMOTO 的首饰，真正做到了独树一帜。

以和式图案为设计主题的 3 款别针

珍珠钻石套件，年份不详

1954年9月20日这天，一切如常。早晨8点左右，御木本醒了，他在屋里很灵巧的稍作舒展，活动完之后享用健康的早餐——燕麦粥加果汁。9:30分，御木本召集员工会议，批示在志摩岛再建立15个小型珍珠养殖场，每个养殖场能够培育大约十万只珍珠蚌。御木本一天中最大的乐趣就是检查当日准备出厂的珍珠，五百条珍珠项链，他摸了又摸。到了午饭时间，他略感不适，不想进食。

到了下午，御木本又精神百倍地投入了新的会议，养殖技术有了新进展，研发人员提出，将精选的珍珠研磨成细粉植入蚌中，就此解决了养殖珍珠存在异质内核的问题。御木本露出欣慰的笑容。此外，还有一个项目是试图通过垂直电流来加速珍珠蚌的母液分泌，促进珍珠更快成形。而粉色珍珠的培育项目则还处于研发阶段。御木本听完了各个项目的最新进展，结束了一天的工作。

到了晚上7点钟，他突然感到腹部一阵阵剧痛。他把小女儿和医生全都叫了过来。大家以为是他的胆结石老毛病又犯了，医生想给他打一针止疼药，他拒绝了。到了凌晨3点，他感觉好多了，一直念叨着"谢谢……谢谢……我很感激……我心存感激"。凌晨5点，他陷入昏迷，之后再也没醒来。12个小时之后，珍珠之王御木本静静地走了。他的死讯传遍了整个日本甚至欧美，收到了来自世界各地的五千多封唁电，其中包括日本天皇和美国政要。很多人追悼他，但更多地是带着一种崇敬的情感而不是悲痛，因为他和一般的人不一样，御木本活了96岁，这一生他建立了庞大的产业还给人们带来了珍珠养殖的技术。

昭和29年（1954年9月21日）和风徐徐，珍珠之王与世长辞了，葬礼一切从简，一副灵柩和一项日式小礼帽。

装饰艺术风格珍珠项链，1930 年

一个新的发现、新的创造，乃至是一个品牌的形成，有可能就是一个人**执着奋斗**的成果，这么一个成果甚至改变了人类的生活方式。这样的人，本身具有着坚定的**目标**和超乎寻常的**信念**，甚至难免会有一种偏执狂般的**决心**。这就是**御木本**成功的根本原因。读懂了**珍珠王**的故事，便能体会、理解一个人**一生**只为一件事情、一个目标去努力的结果。社会应该对这种有执着的心去追求愿望的人，报以更宽容的态度，给予更多的鼓励。同时，要想成就一番**伟业**也绝对需要这样的执着精神。

全球布店：
42 家门店 11 个国家和地区

中国（8 家）：北京、成都、南京、上海、沈阳、天津
中国香港（7 家）
中国澳门（1 家）
中国台湾（10 家）：台北、台中、台南、高雄
新加坡（3 家）
日本（5 家）：东京、横滨、大阪
马来西亚（1 家）：吉隆坡
美国（4 家）：纽约、科斯塔梅萨、拉斯维加斯、贝弗利希尔斯
泰国（1 家）：曼谷
法国（1 家）：巴利
英国（1 家）：伦敦

南美洲：1 家

http://www.mikimoto.com.hk/sc/. 2016-5-30

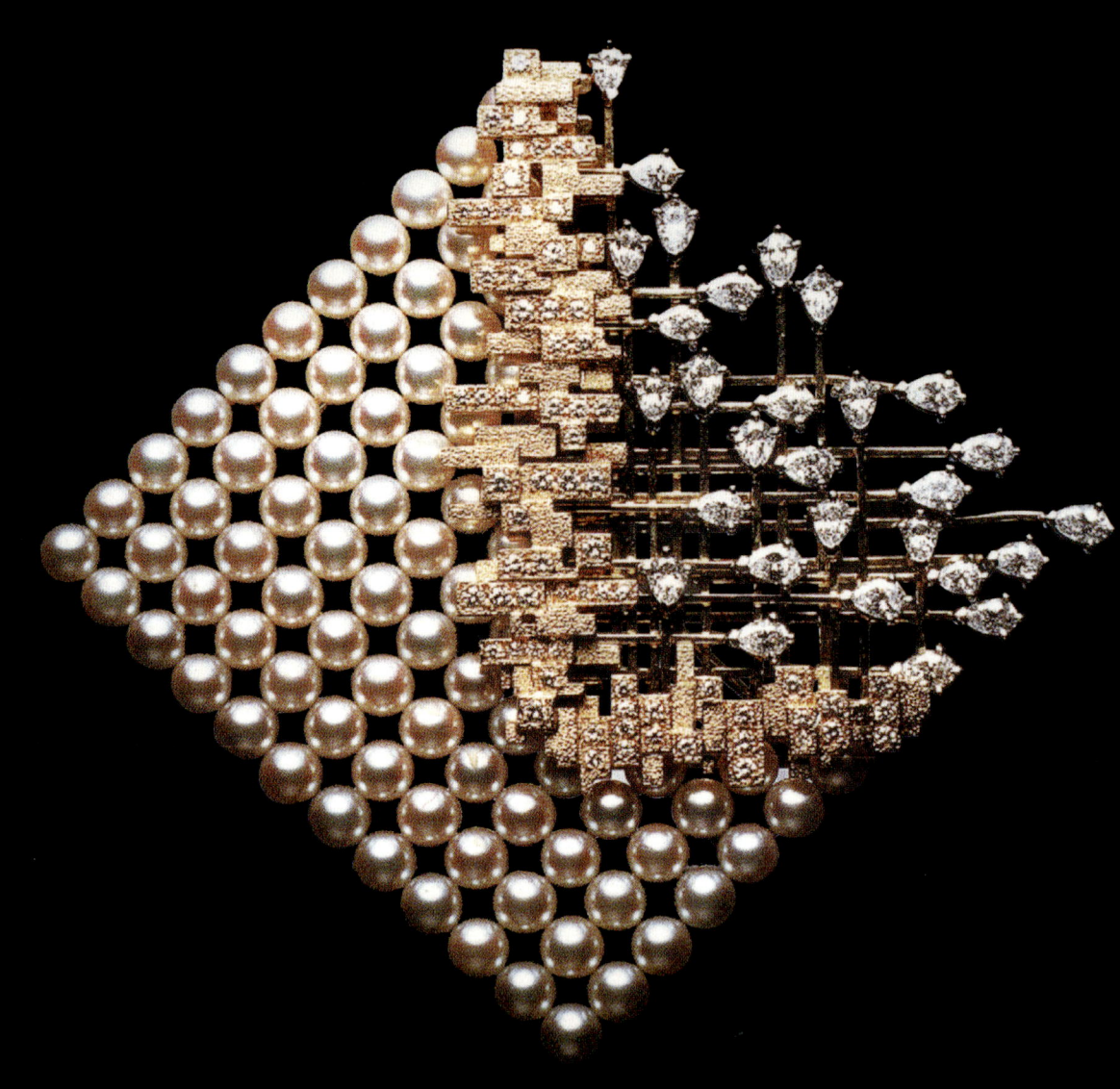

珍珠钻石胸针,1969年,世界钻石设计大赛获奖作品

BUCCELLATI

布契拉提

意大利・1919

BUCCELLATI

布契拉提

意大利·1919

- *Buccellati* -

1. 吉安玛利亚·布契拉提； 2. 布契拉提巴黎店； 3. 布契拉提品牌创始人：马里奥·布契拉提； 4. 布契拉提罗马店铺（老店铺原址）；
5. 布契拉提店铺挂牌吉安玛利亚·布契拉提； 6. 布契拉提纽约店； 7. 雕金工艺

7.1 拜师学艺

　　文艺复兴的核心思想是人文主义，主张一切以人为本。当人们开始重视人、装饰人，首饰就变得必不可少了。佛罗伦萨是文艺复兴时期最为重要的艺术生产中心之一，在那里，有许多艺术家学习和研究首饰艺术，就连列奥纳多·达·芬奇（Leonardo da Vinci）和米开朗基罗·博纳罗蒂（Michelangelo Buonarroti）这样伟大的画家都曾在手工作坊当过学徒。早在古罗马文明时期，人们对黄金推崇至极，到了文艺复兴时期，意大利的伟大画家们开始接触雕金工艺，他们将造型特征的学习细化到材料的处理和技术的把控，许多知名画家都有了另一个身份——技术精湛的珠宝匠。

　　早在 1758 年，布契拉提家族在米兰最有名的"金饰街坊"开设了一家小金铺，规模很小，名气不大，难能与如今的布契拉提相提并论。布契拉提的创始人马里奥·布契拉提（Mario Buccellati）出身于雕金世家，5 岁那年父亲离世，他只能独自一人闯荡。1906 年，14 岁的马里奥小小年纪就当起了学徒工，师从当时米兰最负盛名的金艺大师贝特拉密（Beltrami），学习金银艺术品的制作工艺。

吹笛子老头，年份不详

马里奥·布契拉提于 1919 年开店

  贝特拉密不仅仅是在金工技艺方面有所建树，从绘画到建筑，他无一不精，并钟情于各式艺术。小学徒马里奥跟着师傅，在浪漫的艺术气息的熏陶下，培养起了对艺术的热情。在金艺大师的指导下，天资聪颖的马里奥掌握了所有从文艺复兴时期传下来的技艺，看着徒弟逐步成长起来，贝特拉密倍感欣慰。

  岁月不留情，贝特拉密年事已高，曾一度繁荣的生意自 1910 年起陷入衰退，作坊中最年轻的学徒工马里奥却展现出来他杰出的艺术才华和生意天赋。1919 年，贝特拉密去世，马里奥接管了师父的店面，新店挂牌马里奥·布契拉提。凭借"独门工艺"，开张不过数月就已声名大噪，吸引了意大利的名流和富贾纷纷登门定制首饰。

7.2　雕金王子

马里奥有一套独门绝技——织纹雕金。织纹雕金是文艺复兴时期的金匠们所广为使用的雕金工艺之一,后来随着时间的推移,传统的工艺没有得到很好的保护,许多技艺逐渐失传。马里奥自己就是个雕金大匠,他亲自带学徒,不遗余力地传授雕金工艺,布契拉提的工匠们个个手艺高超。布契拉提的工匠们配备的是古老而特殊的刀具,手工操作织纹与雕刻。工匠们将细若蚕丝的金丝编织在一起,在薄如蝉翼的金片上雕刻花纹,刀刀见真功。有时上万刀的操作才能完成一件作品,一刀出错满盘皆输、前功尽弃。

织纹雕金工艺使珠宝饰品精美纤丽,令人赞叹不已,引得首饰店同行们争相模仿布契拉提风格制作珠宝首饰。可不论旁人如何努力地去尝试和模仿,都无法做到布契拉提出品的那般精美绝伦、轻柔如薄纱的效果,更无法撼动马里奥"金艺王子"的地位。

马里奥对工匠的世代培养投入大量的心血,拥有一帮无限忠于布契拉提品牌的工匠,织纹雕金技巧由父传子,布契拉提的工艺不曾外泄。这些技艺一流的一代又一代工匠就是布契拉提的制胜法宝,有他们的保驾护航,布契拉提的独门工艺和艺术风格才能够一脉相承,精湛如初。

传统雕金工艺

- Buccellati -

"缎带"手链,1955年,马里奥·布契拉提作品

7.3 大师传三代

马里奥是名副其实的艺术家,布契拉提的珠宝首饰设计都由他亲力亲为,从不假手于他人。他的设计灵感来自意大利艺术,运用文艺复兴时期的技艺重新诠释了希腊罗马文化和传统。他没有追随当时的流行风格和时尚,设计作品多是以17、18世纪时兴的蕾丝花边为设计基础,融入透明硬纱、丝织物、亚麻织物和织棉的纹路,利用金、银、宝石和非凡的技法,试图将这些材质的轻盈、柔软和编织样式充分表现出来。

马里奥有5个儿子,只有吉安玛利亚·布契拉提(Gianmaria Buccellati)深得父亲真传。吉安玛利亚在许多方面像极了马里奥,自小就有绘画天分,十四五岁进入工坊学习金工技艺。他对黄金饰品有着浓厚的兴趣,同龄的小伙伴们都结伴出去玩了,他却主动选择和工作室里的老工匠们待在一起。冷冰冰的金属在师傅们的手中折叠、缠绕、精雕至薄如轻纱,吉安玛利亚看得津津有味。

马里奥·布契拉提作品,1925年

吉安玛利亚·布契拉提继承工艺及店面

　　1965年马里奥去世，吉安玛利亚子承父业，成为布契拉提的第二代当家人，布契拉提的标识也变成了"Gianmaria Buccellati"。吉安玛利亚延续父亲马里奥的工艺传统，他还和父亲一样，最推崇文艺复兴时期的艺术，认为一切创作都源于自然，大自然赋予他无限的设计灵感。设计时，他还会效仿装饰题材有自然主义倾向的法国洛可可艺术(Rocaille)，模仿自然形态，将饰品结构设计成不对称形状，用弧线和曲线打造万千变化。出自吉安玛利亚之手的设计细腻柔媚，佩戴起来十分灵巧。父亲马里奥用意大利精妙的古老工艺打响了布契拉提的招牌，而吉安玛利亚则凭借设计将布契拉提推入世界顶级珠宝品牌之列。

　　吉安玛利亚的设计总是在心中勾勒过成百上千遍后方才落笔，画图力求一气呵成。他的设计从不重复，饰品一出，设计图就被当作废纸团起来，扔进垃圾桶里。他的妻子罗西（Rosie）总会把他的设计图整理好，细心收藏，慢慢地攒出了一套图集。

　　布契拉提延续家族企业的经营模式，吉安玛利亚的3个孩子里，唯独安德里亚（Andrea）像极了爷爷和父亲，十四五岁的年纪，在别的方面都没什么特长和兴趣，就喜欢画些首饰做点金工。老师父们看到都喜欢极了，都来教他。1978年，20岁的安德里亚开始进入公司辅佐父亲的生意，逐渐能够独当一面，于是安德里亚慢慢地也就接手了布契拉提的经营与管理。他继承了老一代的传统，专注于雕金艺术，将这份技艺向全世界推广。2014年，安德里亚的女儿卢克雷齐娅·布契拉提（Lucrezia Buccellati）也加入了家族企业，成为了布契拉提家族里第一位女性设计师。

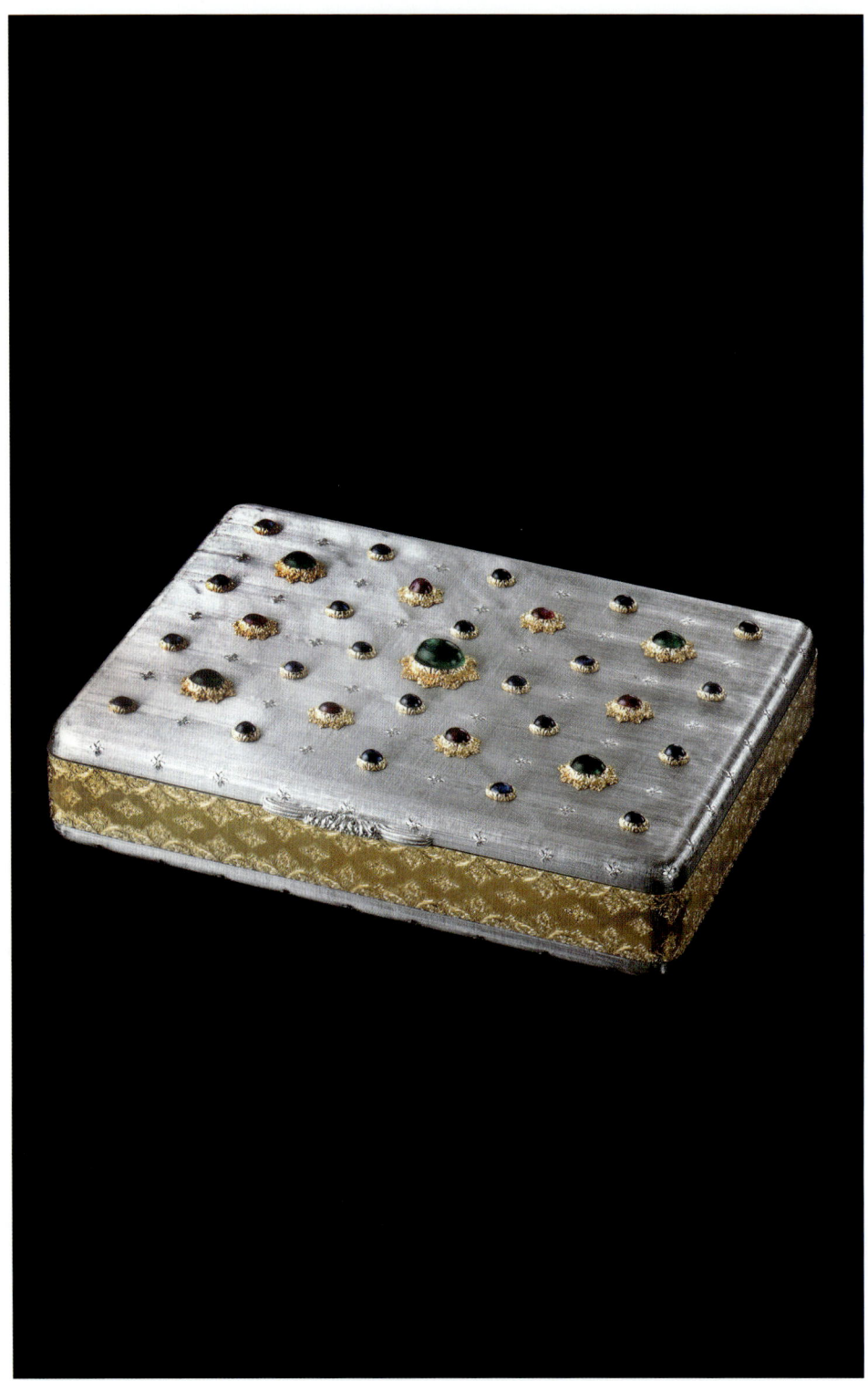

化妆盒,1988年,吉安玛利亚·布契拉提作品

- Buccellati -

秋海棠胸针，1991年，吉安玛利亚·布契拉提作品

7.4 艺传天下

1973 年，吉安玛利亚在意大利创办了"意大利宝石学院"(Istituto Gemmologico Italiano)，亲任校长 25 年，向年轻一辈传播各种详实的宝石知识。面向的学员以他的会员制的会员为主，800 多人。传播珠宝知识当然也推广他自己的品牌，同时向全世界介绍意大利伟大的传统金饰工艺。

1981 年，意大利总统授予布契拉提"巨十字武士"(Cavaliere Di Gran Croce) 勋章，表彰他在传播意大利文化与艺术上所做出的突出贡献。布契拉提将娴熟的手工技艺与极致的艺术呈现给世界，而它们恰恰代表了文艺复兴精髓与布契拉提永恒的精致风格。

许多国际顶级品牌，在不同的阶段由不同的设计师完成设计和把关，风格多多少少都会有较为明显的转化。而布契拉提传承了三代，始终保持对品质与工艺的严苛要求，从马里奥到吉安玛利亚再到安德里亚，每一代掌门人都坚持自己的设计，保证品牌的风格和特征。

尽管布契拉提的分店已遍布全球，但是在罗马 Via di Condotti 的布契拉提专卖店才称得上是布契拉提辉煌成就的最好证明，这家店是至今为止全世界唯一一家仍在开业时原址上的布契拉提珠宝店。

7.5　多情的礼物

马里奥"金艺王子"（"Prince of Goldsmiths"）的美名来自当时意大利文学巨匠——加布里埃尔·邓南遮（Gabriele d'Annunzio）。大诗人眼光独到，看不上别家的首饰，唯独欣赏布契拉提。自从他在1922年8月3日第一次踏入马里奥在米兰的店铺起，他便成为了布契拉提珠宝店的常客，更与马里奥成为了好朋友。

诗人生性浪漫又多情，情人无数，可他对每一个女友都是全情投入。每陷入一段新的感情，诗人就会找马里奥定制一个精致的盒子，金银制作再镶上珍贵宝石，盒子里放着他的情诗，再配上一件由马里奥精心设计的饰品。诗人的许多情人们都收到过马里奥的作品，或是香烟盒一类的小饰物，或是项链、胸针一类的珠宝首饰。如今，布契拉提家族手上还保存着邓南遮和马里奥的上百封热情洋溢的信件。

布契拉提在米兰的店铺就位于米兰歌剧院的不远处，店面装潢典雅大方，店内布置得温馨舒适。著名的曲作者、歌剧演员还有编剧作家来来往往，但凡从那经过，都要到布契拉提的店里坐一坐，欣赏布契拉提雕金的艺术，立体雕花、细丝交织，每一个纤细的位置都有体积感。

加布里埃尔·邓南遮向马里奥订购首饰及首饰盒

7.6　黄金蕾丝

　　马里奥一直痴迷于文艺复兴时期意大利的文化遗产和自文艺复兴时期传下来的技艺，他将古老的技巧——织纹雕金不断翻新，演变出多种不同的织纹。 最基础的 Rigato 织法要求切割出来的所有的织纹皆朝着同一个方向，线条工整平行。 而 Telato 织纹则是呈十字交叉状， 模仿的是粗糙生硬的麻布纹理。Ornato 较于前两种要复杂得多，纹路细丝缠绕，如蕾丝般精细繁复。Segrinato 要求工匠在各个完全不同的方向刻划纹路，交叉重叠，金属光泽柔和不刺眼，犹如衣料中的丝绒效果。Modellato 则是在金属表面进行雕刻，突显立体图案。

　　马里奥精湛的手艺与完美的设计的确令人折服，他将织纹雕金工艺发扬光大，重现文艺复兴时期细腻典雅的艺术风格。他为单调的金属赋予更多细腻优美的形式，这些织纹雕金加入到金银饰品与珠宝中，饰品看起来格外高雅华丽，细腻的织物纹理竟能呈现在黄金这样的金属材质上，无论是在金艺还是珠宝领域，都独树一帜，给人以一种不可达到的感觉。

　　正宗的织纹雕金工艺由经验丰富的工匠们世代相传，完全的手工制作让布契拉提的每一件作品都是不可替代的孤品，仅是标志性的"织纹雕金"戒指就需要花上四到六个月的时间完成制作，手链和项链这样较为复杂的首饰加工起来则需要耗上两三年的工时。在布契拉提工匠们手中一代代传承的工艺，是这个品牌赖以生存和发展的根本。

千禧年纪念套件,2000 年,吉安玛利亚·布契拉提作品

对**细节工艺**的苛求和**极致标准**的坚守，形成了**布契拉提**的绝对优势。从理论上说，工艺是可以传承，甚至容易出现外流的情况。被挖走的工人、离职的高管，都有可能带走这个品牌引以为傲的工艺。可为什么别人没有形成这样的工艺？难道是学不会吗？其实不然，但布契拉提有两个重要优势。首先是品牌自身对工艺的**执着心**。布契拉提所缔造的产品，其结构非常之繁琐复杂，它坚持不懈、不曾放弃。其他珠宝商也曾尝试，但都在利益和投入产出比前败下阵来。而布契拉提长期的投入，更让这种精致的**纤维结构**成为它独有的标识。其次是手工艺人们一代一代的延续和精湛的手工艺的**传承**。这大概是意大利人所特有的品质，他们无限忠于自己的族群或是机构，绝不会将自己的东西外传于他人，这是世世代代的思想**延续**。布契拉提家族和工坊的工匠师傅们，都是世代的交好，他们以公司为荣，更有极强的自制力和控制力，这是思想的控制。布契拉提不仅是生产的控制者、品牌的控制者，更是思想的控制者。几代人的管理、几代人的经营、几代人的工匠都**团结**在一起，向着一个目标前进。

- Buccellati -

全球布店：
170家门店 18个国家和地区

亚洲：22家
中国（2家）：北京、上海
中国香港（3家）
韩国（1家）：首尔
日本（10家）：东京、福冈、札幌、新潟、熊本、大阪、名古屋
阿塞拜疆（1家）：巴库
黎巴嫩（1家）：贝鲁特
土库曼斯坦（1家）：阿什哈巴德
巴林（1家）：麦纳麦
阿拉伯联合酋长国（2家）：迪拜

北美洲：51家
美国（50家）：纽约、波士顿、休斯顿、洛杉矶、贝弗利希尔斯、西哈特福德、格林尼治、曼哈西特、伯纳兹维尔、华盛顿、芝加哥、列克星顿、亚特兰大、纳什维尔、圣路易斯、棕榈滩、阿文图拉、保罗哈博、那不勒斯、新奥尔良、丹佛、达拉斯、沃思堡、阿斯本、奥斯汀、圣安东尼奥、斯科茨代尔、圣赫勒拿岛、旧金山、伯林盖姆、圣马力诺、马利布
加拿大（1家）：温哥华

欧洲：97家
意大利（80家）：罗马、米兰、威尼斯、佛罗伦萨、洛迪、布斯托－阿西齐奥、帕维亚、特雷维格里奥、加拉拉泰、诺瓦拉、贝加莫、莱科、科多尼奥、沃盖拉、奥尔齐诺维、克雷莫纳、瓦伦扎、布雷西亚、比耶拉、帕尔马、维罗那、贾韦诺、库内奥、维琴察、马尔米堡、卡萨莱基奥－迪雷诺、博洛尼亚、费拉拉、卢卡、圣雷莫、波尔代诺内、里米尼、乌迪内、佩扎罗、安科纳、斯波莱托、圣贝内代托－德尔特龙托、切尔沃港、基耶蒂、弗罗西诺内、泰亚诺、那不勒斯、福贾、斯卡法蒂、阿韦利诺、斯塔比亚海堡、卡普里岛、卡利亚里、萨勒诺、特拉尼、波坦察、巴里、阿尔塔穆拉、法萨诺、塔兰托、巴勒莫、莱切、雷焦卡拉布里亚、卡塔尼亚、拉古萨、特雷维索
瑞士（2家）：卢加诺、日内瓦
法国（10家）：巴黎、库尔舍维勒、里昂、斯特拉斯堡、艾克斯、马赛、蒙彼利埃、敦刻尔克
摩纳哥（1家）
荷兰（1家）：阿姆斯特丹
英国（2家）：伦敦
俄罗斯（1家）：莫斯科

蓝宝石花边项链及配套耳饰 1989年 吉安玛利亚·布契拉提作品

HARRY WINSTON

海瑞温斯顿

美国·1920

HARRY WINSTON
海瑞温斯顿
美国·1920

- *Harry Winston* -

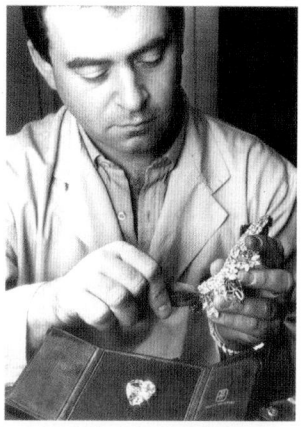

1. 海瑞温斯顿公司的珠宝工匠镶制"红宝石鞋"；2. 海瑞温斯顿品牌创始人海瑞·温斯顿鉴宝；
3. 珠宝工匠镶制发冠，主石为"东方之心"大钻；4. 海瑞温斯顿纽约店内景；5. 海瑞温斯顿珠宝公司

8.1 淘宝神童

19世纪80年代,美国经济发展迅猛,超越英国成为全球经济最发达的国家,大批的欧洲移民涌入美国寻求发展机会,一位怀揣梦想的珠宝匠也在这其中,他就是海瑞·温斯顿(Harry Winston)的父亲——雅各布·温斯顿(Jacob Winston)。雅各布·温斯顿携带一家人从乌克兰来到纽约,开始自己的事业,1888年时在曼哈顿地区开设了一间小型珠宝与腕表工坊,店面不大,工匠不多,小店的经营主要由父亲和姐姐负责,雅各布拥有精湛的手艺,再加上悉心的经营,这家小店逐渐远近驰名。

1896年3月1日,海瑞·温斯顿在纽约出生,他打小和自家的小店一起长大,天天在店里东看看西看看,对珠宝充满好奇,从小就对各类宝石带有一份特殊的感觉。

有一天,12岁的海瑞外出闲逛,路过一个典当行,典当行门口几个大盆装满了许多落了灰的假首饰,标价25美分。海瑞蹲在街边扒拉了半天,一眼相中一枚绿色的宝石,他喜出望外,赶紧付了钱,一蹦一跳地跑回家了。一进家门还没来得及喘口气,他就迫不及待地和父亲分享:"看,我用25分买来一颗祖母绿。"他的父亲觉得这很荒谬,自然是不会在意。在海瑞执意要求下,父亲只好拿去鉴定,一检测,竟然真的是一颗两克拉的祖母绿宝石。

清理干净,放入精致的小盒,这颗祖母绿被摆进柜台最显眼的位置,没过两天就被客人买走了,小店净赚八百美元。

海瑞·温斯顿在自家的珠宝店与父亲(右)和姐姐(中)的合影,1911年

8.2 一个人的珠宝店

海瑞 15 岁那年，父亲的身体状况欠佳，于是一家人举家迁往气候温和、全年阳光明媚的洛杉矶。父亲开始享受清闲安逸的生活，经营着一家小珠宝店，日子过得简单舒坦。但海瑞并不满足于现状，他有更大的野心，他还对珠宝有一份狂热的喜爱。年少的海瑞正式开始在家里的珠宝工坊里帮工，接触和学习珠宝生意。

可洛杉矶毕竟不是经济最发达的地区，经营有限，要想成为真正的大珠宝商，海瑞还是想回到美国最发达的金融中心——纽约。带着自己积攒下来的一点积蓄，1920 年，19 岁的海瑞只身回到纽约开始自己的事业，建立起了小公司 Premier Diamond Co，独自一人闯荡。

没有充足的资金作为前期投入，更没有丰富的人脉基础，海瑞另有奇招。他想出一法，改制旧货。当时美国经济正迅猛发展，新兴的富豪们手中有许多从欧洲没落贵族买来的珠宝，那些珠宝大多是古董，款式老旧却不乏大颗的高品质宝石，只是宝石切割方式老旧，难以尽显宝石光华。海瑞发现，将古董宝石拆卸下来，重新切磨宝石、设计新样是一条好财路。卸下宝石，经过重新设计、切磨，这些宝石焕然一新，光耀夺目，重新镶嵌后，价值翻倍。海瑞通过帮别人改制旧货的方式积攒下一笔资金。带着这笔资金，一方面，他苦苦搜寻流散在市场上的不起眼的项圈、大胸针，以较低的价格买下这些老旧过时的古董珠宝；另一方面，他密切关注着高端的古董珠宝拍卖活动，收藏存货。

机缘巧合下，海瑞·温斯顿结识了一位银行家，银行家十分赏识海瑞，他看到海瑞的天赋异禀，总能挑到好东西，卖出好价钱，于是他很是支持海瑞。在银行家的鼓励下，海瑞还依靠自己的评估与鉴赏天分，在有钱人和银行之间充当起了评估、抵押、融资的专业人士。

8.3 识人难

经过两三年的经营,海瑞的生意初具规模,发展势头很好,事情也是越来越忙。海瑞有些顾不过来了,他开始寻觅帮手。他雇了一个助理,比他年长,懂管理善经营,还对珠宝行业有所了解。海瑞不再是单枪匹马独自工作,工作效率大大提高。生意上路了,他只管出去谈生意、收货、卖货,公司的经营管理全交给助理,两人分工明确,配合得很好。

有一天,他大早上来上班,一推开办公室的门,海瑞目瞪口呆。只见保险柜已被打开,里面空空如也,助理也早已不见了踪影,所有的货和钱都被自己最信任的助理席卷一空。辨宝容易识人难,海瑞看错人了,来了一个拆白党给自己掏空了。这件事情对他的打击太大了,几年的积累一下全没了,失掉钱财也就罢了,还丢了从别人那借来的货。他愤怒、痛苦、绝望到难以抽离。可冷静下来仔细一想,他还得接着干,欠别人的债得还,自己的大珠宝商的理想还没实现,他绝不会轻言放弃,只是,他再也不敢轻易用人了。

- Harry Winston -

祖母绿、钻石手链，年份不详

大钻切割设计

海瑞·温斯顿对珠宝首饰进行评估鉴定

海瑞·温斯顿检查珠宝首饰

8.4 信任就是资本

1925 年，美国康乃迪克州的一位富豪斯托达德（Stoddard）宣布将拍卖一批珠宝，预售 3 天，反应火爆，很多珠宝商闻讯赶来，看货应价。海瑞对这位富豪的珠宝藏品早有耳闻，一得知这个大消息，他激动极了。这些珠宝不单卖，通通一手走，这正合海瑞的心意，他可不想放过其中的任何一件宝贝。

一批相当难得的高品质珠宝，价值连城，可海瑞几乎身无分文，但他不想错过这次机会。他想了个法子，他找到那位一直以来信任他、欣赏他的银行家，请他写封推荐信，证明自己的信誉和能力，银行家自然是欣然应允。带着推荐信，海瑞风尘仆仆地赶到康乃迪克州。看完每一件珠宝后，他立马开出他的价格，3 天后，海瑞中标了。他开出的价格比第二高的应价要高出一百万美元。斯托达德对这个价格自然是相当满意，这时，海瑞从包里拿出一封信，他诚恳地和斯托达德说清了来龙去脉，没等对方回应，海瑞倒是沉不住气了："我愿意再加 20 万，6 个月后一并交付。"他看着斯托达德，竟有些紧张，生怕失去这些好宝贝。斯托达德看海瑞是个懂货之人，又十分诚恳，他相信海瑞，这笔买卖成交了。

在这笔生意上，他结识了很多朋友和顾客，承诺的货款还清了，同时他还挣得了 12 万 5 千美元，这就是他东山再起的资本。

几年的积累下来，海瑞已是小有成就的珠宝商。1932 年，他以自己名字 Harry Winston 为品牌名，在纽约第五大道开设了自己的第一家珠宝店。凭借与生俱来的敏锐直觉和独到眼光，海瑞评估宝石的能力一流，他总是能够很快地辨识任何珠宝上的每一颗钻石、宝石的品级和重量，有惊人的准确度，几乎没有失误。这样的天赋异禀让他成为珠宝界中的传奇人物。他奔走于各大珠宝拍卖会，同样一批宝贝，别人要花上好几天的时间看货定价，他仅仅需要两三个小时就能看完，每每出手，胜券在握，他在珠宝拍卖市场混得风生水起，收藏了一手好宝贝。

在全球闻名的 303 颗大钻石里，有六十余颗属于 Harry Winston 公司。Harry Winston 公司只做高品质的大颗粒宝石，对传奇宝石情有独钟，海瑞的身价自然是无法估计，保险公司也因此规定他不能被镜头拍到清楚的长相。海瑞·温斯顿的真实面目直到他过世之后才公诸于世。他的儿子罗纳德·温斯顿（Ronald Winston）在继承公司后也必须遵照这项要求，从来不曾留有清楚的正面照片。

海瑞温斯顿大宝石戒指

8.5　要钻石不要婚姻

一生不羁的伊丽莎白·泰勒，拥有 7 位丈夫，8 段婚姻，超过 1.5 亿美元拍卖额的珠宝首饰。泰勒初遇理查德·伯顿时，他们正在拍摄《埃及艳后》。这部好莱坞电影史上投资最大的影片之一，斥巨资搭建了逼真的场景和打造了华丽的服饰，却换来惨败的票房和观众的恶评，成了最赔本的影片。但因为这部影片，她和伯顿结缘，疯狂地陷入一场炙热的爱情中。

在 1968 年，理查德·伯顿以 305 000 美元的价格买下了 33 克拉的"克鲁伯钻石"，交由 Harry Winston 镶嵌成钻戒，名为"Krupp"。而以两人名字命名的"伯顿－泰勒钻石"，则是理查德·伯顿在 1968 年斥巨资从纽约购得的一颗重达 69 克拉的钻石。当年海瑞·温斯顿以一百万美元将这颗大钻拍出，一百万美元即使放到今天也是相当惊人的价格。十年后，两人两度结婚又再度离婚，泰勒则拍卖了这枚钻石，所得拍款用于在南非的博茨瓦纳筹建一家医院。

8.6　钻石花

完成 Harry Winston 产品设计的一直是来自印度的一位大设计家,在当地为印度王室设计珠宝,他叫阿姆巴吉·欣德(Ambaji Shinde),人称欣德先生。海瑞在印度孟买遇见欣德先生时,欣德先生的出色才华令海瑞折服,两人相见恨晚。受到海瑞·温斯顿先生的赏识,欣德先生受聘成为 Harry Winston 品牌标志性设计大师。

欣德先生几十年如一日地在 Harry Winston 负责设计,若大的设计工作室只属于他一个人。温斯顿式风格正是出自欣德先生之手。将钻石、宝石拼成花与叶,金属镶座藏匿其下,完全不显露。

欣德先生有 6 个儿子,却无人接班。人们都在纳闷为何他不亲自培养接班人。欣德先生直言:"就像海瑞·温斯顿先生评估珠宝的天分一样,设计靠的是天分、是想象力,这想象力是教不成也学不会的。你本来有就是有,没有也学不成。"

欣德先生工作照

欣德先生印度风格作品

8.7　新东家

　　2013年1月14日，斯沃琪集团（Swatch Group）宣布以7.5亿美元加最高2.5亿美元净债务，100%全资收购Harry Winston。这意味着Harry Winston的珠宝和手表方面的生意被全面收购，散布在全球的535名员工和在日内瓦的工厂也都通通换了新东家。

　　事实上，自从1978年创始人海瑞去世后，温斯顿家族纷争不断，家族的第二代人Ronald和Bruce各分得50%的股份。2000年，Ronald Winston同私人募股公司Fenway Partners合作，以5410万美元收购了Bruce手头品牌的所有股份，成为品牌控股人。

　　在被新东家收购之前，Harry Winston在全球门店仅有17家，位于美国本土的就有7家。斯沃琪集团收购Harry Winston，开始全球扩张，现如今已有178家门店分布全球。斯沃琪集团的收购对Harry Winston来说无疑是件好事，而并非代表它的经营出现什么问题，Harry Winston依旧是全球最顶尖的珠宝品牌之一，而在大集团的影响下，Harry Winston会越走越好。

钻饰表项链,年份不详

海瑞温斯顿是最典型的**收藏级**珠宝销售商。与其说他是卖首饰的，倒不如说是卖大钻的。海瑞·温斯顿本人可以算得上是**天赋异禀**，他是珠宝评估天才，具有极高的**珠宝评估**资质。即便日后有不少珠宝商有了更雄厚的资本，想重走他的发家路、效仿他的成功模式，但始终取代不了他最高峰的地位。专注于**高品质**大宝石，海瑞温斯顿只表演大珠宝，仅凭这一点便足以让这个品牌占据影响力最大的地位。至于首饰的款式，他只是**拼花**而已。一颗颗高品质的大宝石被堆积在一起，拼凑成一朵朵大珠宝花，珠宝本身无与伦比的魅力得以被充分发挥。

- Harry Winston -

全球布店：
178家门店 59个国家和地区

亚洲：47家
中国（3家）：北京、上海
中国香港（5家）
中国澳门（1家）
中国台湾（1家）：台北
新加坡（3家）：新加坡
日本(24家)：东京、京都、冈山县、名古屋、大阪、广岛、爱知县、神奈川、神户、香川县、福冈
韩国（7家）：釜山、首尔
马来西亚（1家）：吉隆坡
哈萨克斯坦（2家）：阿拉木图、阿斯塔纳

中东：21家
伊拉克共和国（1家）：埃尔比勒
伊朗（1家）：德黑兰
印度（3家）：孟买、海得拉巴、
巴基斯坦（1家）：卡拉奇
巴林（1家）：麦纳麦
沙特阿拉伯王国（1家）：吉达
科威特（2家）：科威特城
约旦（1家）：安曼
阿拉伯联合酋长国（6家）：迪拜
阿曼苏丹国（1家）：马斯喀特
黎巴嫩共和国（3家）：贝鲁特

加勒比海：8家
多米尼亚（1家）：圣多明各
开曼群岛（2家）：卡门群岛、大开曼
波多黎各（1家）：老圣胡安
美属维京群岛（1家）：圣托马斯
荷属安地列斯（1家）：菲利普斯堡
阿鲁巴岛（2家）：奥拉涅斯塔德、棕榈滩

北美洲：39家
加拿大（4家）：多伦多、温哥华、卡尔加里
美国（35家）：休斯顿、伯克莱屯、圣克拉拉、圣加布里埃尔、布鲁克林、恩格尔伍德、拉斯维加斯、拉由拉市、旧金山、曼哈西特、格林尼治、檀香山、法拉盛、洛杉矶、科斯塔梅萨、纽波特海滩、纽约、芝加哥、西好莱坞、达拉斯市、迈阿密、那不勒斯、阿尔巴格、阿德莫尔、阿斯本

拉丁美洲：8家
危地马拉共和国（1家）：危地马拉城
哥斯达黎加（1家）：圣约瑟
墨西哥（3家）：墨西哥市、哈里斯科州、科祖梅尔
委内瑞拉（1家）：加拉加斯
玻利维亚（1家）：圣克鲁斯
阿根廷（1家）：布宜诺斯艾利斯

欧洲：50家
丹麦（1家）：哥本哈根
乌克兰（5家）：基辅、敖德萨州、第聂伯罗彼得罗夫斯克、顿涅茨克市
俄罗斯（2家）：圣彼得堡、莫斯科
匈牙利（1家）：布达佩斯
土耳其（2家）：安塔利亚卡莱伊
塞浦路斯（1家）：莱梅索斯
希腊（2家）：雅典、米克诺斯岛
德国（2家）：巴登-巴登、杜塞尔多夫
意大利（2家）：罗马、切尔沃港
拉脱维亚（1家）：里加
捷克（2家）：卡罗维瓦利、布拉格
格鲁吉亚（1家）：第比利斯
法国（8家）：巴黎、戛纳、圣让卡普费拉
瑞士（7家）：卢加诺、卢塞恩、因特拉肯、圣莫里茨、日内瓦、蒙特勒、阿罗萨
立陶宛（1家）：维尔纽斯
罗马尼亚（2家）：布加勒斯特
英国（3家）：伦敦
荷兰（1家）：阿姆斯特丹
葡萄牙（1家）：里斯本
西班牙（3家）：巴塞罗那、波多黎各巴努斯、马德里
阿塞拜疆（2家）：巴库

非洲：5家
刚果（2家）：布拉柴维尔、黑角
加蓬共和国（1家）：利伯维尔
安哥拉（1家）：罗安达
阿尔及利亚（1家）：阿尔及尔

http://www.harrywinston.cn/. 2016-5-30

"希望（Hope）蓝钻项链"

VERDURA

佛杜拉

美国·1939

VERDURA

佛杜拉

美国 · 1939

1. 佛杜拉品牌创始人：佛杜拉公爵； 2、3. 佛杜拉童年照； 4. 佛杜拉纽约沙龙店的入口

9.1 小公爵

1898 年，在意大利的西西里岛，有一个世袭的贵族家庭里出生了一个男孩，叫福柯·圣斯坦法诺·德拉·克莱达（Fulco Santostefano della Cerda），作为家里唯一的男孩，他顺理成章地成为了贵族爵位的唯一继承人，继承了爵位——佛杜拉公爵（The Duke of Verdura），所以大家都叫他佛杜拉。

佛杜拉出身名门望族，父亲是西西里首府巴勒莫的行政长官，他的曾祖母是法国公主，整个家族在当地享有很高的地位，日子过得相当舒服。若大的庄园内，植被生长得茂盛，还养着不少小动物，忙碌的仆人进进出出，佛杜拉只管尽情玩耍，享受童年时光。院子很大，还可直通海边，海滩成了他每天必去的地方。一到节假日，家中便聚齐亲友，大办化妆舞会、篝火晚宴，通宵达旦，好不热闹。家里的墙上挂着世界级的名画，多是文艺复兴时期的作品，壁柜上陈列着各式艺术品。生长在贵族家庭里，平日里接触到的都是高雅的艺术、精致的生活，佛杜拉自然而然地培养起了独到的审美品位。他渐渐开始对绘画产生浓厚的兴趣，经常照着家里的壁饰、墙上的挂画临摹。

枫叶胸针

即便贵族称号尚存，他们的生活方式也逐渐趋向平民化了。虽然佛杜拉也像普通平民一样上着公立学校，但他身边总是跟着一个仆人，这让他浑身不自在，他只想像其他同学那样正常地上课放学。更让他难受的是，有时仆人会当着同学的面向他行礼，这样的阵势让他在同学中像个异类。少不更事的佛杜拉受不了单调乏味的学习安排，特别贪玩，没人管得了。他学习特别差，考试也考不过别人，所以压力大极了。

佛杜拉还有一段经历是他从未主动提起的。他曾经参军，打过仗甚至还身负重伤。那年正值第一次世界大战，佛杜拉带着公爵的身份去参军了，没过多久，他就从少尉晋升到中尉。1917 年，意大利与德国交战，佛杜拉奔赴前线。在一次激烈的对抗中，他肩部中弹，负伤的佛杜拉只得回到家中休养。那一场战斗的失败也让佛杜拉失掉了中尉的军衔。

9.2　从巴黎到纽约

佛杜拉 15 岁那年,祖母病重离世,家道中落。原本一片和睦的家人开始争夺遗产,官司不断、纠纷不止,几年下来,巴洛克庄园失去了往日的生机。20 岁的佛杜拉一气之下,愤然出走,和几个贵族的伙伴结伴跑到了时尚之都——巴黎。

自由浪漫的巴黎深深吸引着佛杜拉,公爵的名头再加上佛杜拉幽默风趣的性格,让他在法国的上流圈混得如鱼得水。有品位又会消费,佛杜拉在巴黎结交了不少贵族好友。贵族的生活过习惯了,从小养尊处优的佛杜拉什么也不会干,成日醉生梦死,荒废了大把时间。

在巴黎社交圈里有个叫巴巴的名媛,好办沙龙和聚会,每周都要有那么一天,聚集圈内名流,举办化妆舞会和酒会。就在这个人的酒会上,在朋友的有意撮合下,佛杜拉认识了当时名气不小的可可·香奈儿。正好这时候,佛杜拉吃喝玩乐的日子过得有些疲了,钱也有点不够花了,日子稍显拮据。佛杜拉与香奈儿交谈甚欢,他立即被香奈儿聘用为设计师,进入香奈儿公司的设计部。原本只是来参加酒会的佛杜拉竟拿下了一场意料之外的面试。

铃兰胸针夹,年份不详

佛杜拉向香奈儿展示手镯，1953 年

　　佛杜拉的绘画能力、审美品位和与身俱来的贵族气质颇受香奈儿的赏识和喜爱。原本只是参与服装设计，佛杜拉画服装设计效果图的时候还会带上配饰，有时画只手镯，或是画上一枚胸针，他画得很精细，效果表现得很好，这让香奈儿眼前一亮。误打误撞下，佛杜拉开始设计珠宝。

　　香奈儿出身贫寒，是流动小摊贩的私生女，从小在修道院长大，无依无靠。她似乎对贵族有一种特别的情结，早期事业刚刚起步，香奈儿就倚靠许多贵族的资助，公司建立起来后，她招的各部门主管都是些没落贵族的后裔，香奈儿的身边总是围绕着一群上层人士。

　　佛杜拉比香奈儿小七八岁，他俩的关系不同一般。佛杜拉一直是一个人独自生活，香奈儿到哪儿都带着他，两人双入双出，这让佛杜拉在圈内可出了名，谁都知道，这是给香奈儿做珠宝配饰的设计大师。公爵人帅气质佳，法国女人风情万种，两人都是时尚领军人物，关系可见一斑。

　　佛杜拉与香奈儿的合作情谊长达 8 年。在香奈儿工作期间，佛杜拉学习到了不少专业知识，他推出的许多首饰都得到了广泛的关注和喜爱，成为香奈儿的首席珠宝设计师，佛杜拉身价倍增。8 年的工作积累也为他后来的独立工作奠定了坚实的基础。

眼看合同期满，佛杜拉想要离开了。当时在巴黎，有天赋的设计师随处可见，他们中大部分的人背后都有财团给予经济支持。佛杜拉寻思着在巴黎待不下去，决定独自前往正高速发展的新兴国家——美国自立门户。

来到美国，佛杜拉首选的落脚地是好莱坞。要想快速提高知名度，和明星合作、为明星设计配饰似乎是最快最直接的手段。然而，事与愿违，演员们的生活其实很不稳定，大部分演员并没有经济实力收藏珠宝。真正对珠宝首饰有需求的是那些白俄罗斯的老贵族，可他们中意的基本上都是知名度高的品牌。初来乍到的佛杜拉在好莱坞就是枚新人，他的个性化创作几乎无人问津。

没能打开销路，推广自己的艺术珠宝，佛杜拉竟当起了宫廷礼仪顾问。他熟知装饰艺术和服装时尚，精晓贵族礼仪，好莱坞拍摄的电影里但凡出现一些欧洲宫廷礼仪的桥段，都来请教佛杜拉具体的程序，从舞会、晚宴到服装，佛杜拉都能给予详细的指导，佛杜拉也因此结识了一批知名导演和编剧。

佛杜拉难以在外表光鲜亮丽的好莱坞继续发展事业，他去了能真正发展事业的圣地纽约。来到纽约闯天下的不只有佛杜拉一人，他还有一个打小一块儿长大的好友 Baron Nicolas De Gunzburg。好友 Baron 从事服装设计领域，初到纽约他便在 Bazaar 和 Vogue 服装杂志担任编辑，在纽约摸爬滚打，一步步爬升后，成为 Town & Country 的主编。他看好佛杜拉的设计，给予佛杜拉很大的支持和帮助，在他的助力推广下，佛杜拉名气渐盛。

在纽约，佛杜拉招募了一支精干的团队，其中包括擅长珠宝镶嵌和设计效果图绘制的总监阿道夫·克里特，专攻设计黄金首饰的乔治·哈德利，他曾经在纽约艺术联盟和巴黎美术学院深造，有深厚的功底；还有三位设计师专门负责设计香烟盒、化妆盒等一些另类的珠宝饰品。在纽约，佛杜拉已享有一定的知名度，再加上大客户朋友间的相互推介，让佛杜拉很快在纽约拥有一批稳定的顾客。

（左）1909年佛杜拉家族聚会；（右）1929年佛杜拉与巴巴等人一同参加化妆舞会

- Verdura -

9.3　珠宝沙龙

　　佛杜拉的第一家店，坐落在曼哈顿第五大道 712 号，这个店址多年前曾属于卡地亚。经过了精心的设计、装潢和长时间的筹备，1939 年 9 月 1 日，佛杜拉的珠宝设计沙龙正式开业。一般的珠宝店都会陈列各式珠宝，富丽堂皇、珠光宝气，佛杜拉的店却大不相同，他采取的是在当时风靡欧美各国文化界的沙龙聚会的模式。7 个宽敞明亮的房间设作办公室，房间内四处摆放着路易十六时期的古董，橡木墙中镶嵌着明晃晃的高拱形玻璃镜，红色天鹅绒的垂帘垂坠在落地窗边。佛杜拉倾其所有，请来志趣相投的数百好友，喝着饮料、欣赏着典雅的音乐，促膝长谈。首饰艺术家、各行业的商人和佛杜拉的拥趸聚会一堂，无拘无束地吃喝玩乐，大闹三天三夜。佛杜拉的店也因此一举成名，在业内名声响亮。

　　佛杜拉筹备新店之时正值美国经济最为萧条的时段，市场一片低迷。可那些真正有钱的贵族，过着高枕无忧的生活，基本没有受到什么影响。在他的会所刚开业那两年，市场形势还没有从萧条中完全恢复过来，可佛杜拉惊喜地发现，衰微的经济下，那些有钱人反而闲了下来，他们拥有更多的闲散时间来到佛杜拉的会所，高谈阔论。 佛杜拉就通过这样的方式，自成一派，慢慢起步。

　　不仅佛杜拉的珠宝店特立独行，佛杜拉的设计也突破传统、匠心独具。当时，大多数珠宝商都倾向于使用优雅的白金制作较为简单抽象的首饰，他选用的却是黄金和彩色宝石，从自然中找寻灵感，表达生动有趣的题材。讲究设计，更注重细节，看不见的地方和看得见的地方同样完美精致。

9.4 达利艺术首饰制作人

佛杜拉与超现实派画家萨尔瓦多·达利（Salvador Dali）曾合作了一整套首饰，这段经历让他闻名于世。首饰由达利起草，佛杜拉完成设计。

出自达利之手的珠宝作品就像他的那些绘画代表作一样，看起来瑰丽、华美又诡异惊艳，充满令人瞠目结舌的达利气质。佛杜拉的作品取材自然，形态却超乎想象，同样具有鲜明的超现实主义风格。

唇上留着不足 1.5 英寸长的光亮短须，眼睛总是瞪得浑圆，即便是在异类辈出的西方现代艺术圈，偏执狂达利也算得上是一个特别的存在。他的作品总是那么出人意料，喜怒无常的他对外界的事物极端地敏感，他的感性、他的情绪化反映在作品上，展现出的是强烈的主观色彩。作为一个珠宝设计师，佛杜拉相对就要理性得多了。除了充分发挥想象力，通常还要考虑制作材料、成本预算、佩戴效果和舒适度这些客观需求。

一个是偏执狂艺术家，一个是贵族后裔珠宝设计师，这样的组合着实让人充满期待。首饰的制作需要一定的周期，佛杜拉和达利的作品在加班加点连日赶制之下，终于在 1941 年 4 月 22 日至 5 月 15 日，在曼哈顿市中心的朱利恩·列维画廊（The Julien Levy Gallery）展出，朱利恩·列维画廊更是因此一举成名。

- Verdura -

（左下）阿米巴细菌胸针设计图，佛杜拉作品；（右上）香烟盒，1940年，盒盖上为达利绘画作品《晚间的长腿爸爸》

9.5　有故事的首饰

让·史隆伯杰、帕洛玛·毕加索等许多顶级珠宝设计师都曾坦言,他们深受佛杜拉设计的影响,他们的设计作品里或多或少都留有佛杜拉的印记。蒂芙尼曾经的珠宝设计总监让·史隆伯杰还曾被指抄袭佛杜拉的作品"神鱼",而他却说:"佛杜拉是我创作上的导师,学生抄袭老师的作品有什么不对呢?"

宗教向来是贵族的思想依靠和精神支柱,源于佛杜拉贵族的身份,在他的创作里,宗教题材贯穿始终。他还曾参观法国荣誉军团勋章及荣誉骑士勋章博物馆,从中深受启发,马耳他十字架(Maltese Cross)的构图设计也因此而来。据说马耳他十字架8个顶点象征骑士的8项美德。佛杜拉在香奈儿公司任职期间,设计了一系列马耳他十字的作品,就连香奈儿不离身的手镯,也是以马耳他十字为设计元素。

镁蛋白石手镯,马耳他十字架设计元素,佛杜拉作品

 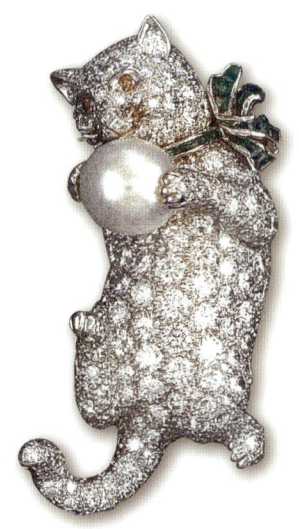

贵宾犬，铂金镶钻　　　　　　玩耍中的小猫胸针，1955 年

　　佛杜拉从小生活在一个小岛上，与海相伴，许多设计题材自然和海息息相关。不仅如此，佛杜拉家里还养了许多动物，有天鹅、绵羊、狒狒……这些在他身边天天和他一起玩的动物们带给佛杜拉很多创作灵感。经由他设计的动物造型饰品一直很受欢迎，大概是因为小时候天天接触这些动物，佛杜拉更能深刻地感受到动物们独有的气质，诠释得更为完美。在佛杜拉的设计下，它们精致又传神。

　　对于佛杜拉来说，材料是为首饰设计的整体表现服务的，无论材料价格高低，只要用得合适就能充分发挥各自的优势。他花了 5 美元买了一个扇贝吃，饱了口福再将贝壳设计成首饰，在贝壳的边缘镶满了钻石和蓝宝石。原本不值钱的贝壳，经佛杜拉一设计，身价倍增。以贝壳为主体的首饰，竟在市场上获得强烈的反响，大受热捧。获得广泛认可后，佛杜拉对自己大胆的设计充满信心，开始将各式各样的贝壳作为设计素材，形成一系列的贝壳首饰。他的性格终于得以施展，仿佛任何一样东西，经过奇思妙想，都能成为充满趣味的首饰。

贝壳镶嵌宝石作品，年份不详

佛杜拉设计稿，拉其普特勇士胸针

有一次，佛杜拉去印度游玩，在一个小杂货摊上相中一套 18 世纪的印度彩色象牙棋子。27 件立体的小雕像，个个精致，小皇帝、小皇后、小士兵、小马驹，佛杜拉像是收到一手好宝贝一样，他精心设计，为这些棋子搭配上镶有珠宝的穆斯林头巾、珍珠耳坠、圆形的浮雕项链和金腰带，给小皇帝佩戴上项链、帽子，安排好轿子，再牵上可爱的小狗。简单的象牙棋子镶嵌上珍贵的宝石，金子制成灌木丛、宝石镶出仙人掌，既可用于佩戴又能作为摆件。这套棋子一经推出，瞬间抢购一空。棋子只有一套，再想定制也没有了，因此当原版重现市场时，佛杜拉就立即回购，再次销售。

拉其普特勇士胸针，佛杜拉作品

异形珍珠设计作品

在佛杜拉设计首饰选用的众多材料中,最具有代表性、最能充分体现佛杜拉设计的,要属巴洛克珍珠。佛杜拉的故乡西西里生产异形珍珠,这些不规则的造型正符合他寻求自在无约束的心性。他凭着自己丰富的想象力将巴洛克珍珠的天然造型和后期的创造有机地结合在一起。

9.6 空前绝后

佛杜拉 75 岁后，身体每况愈下，得了掌腱膜挛缩症的他，手指开始屈曲抽筋，甚至都难以伸直，更别提握笔画图了。祸不单行，没过多久，他还出了车祸。那天，佛杜拉约上三五好友在贝尔格雷弗广场吃晚餐、聊天叙旧，晚饭过后，一辆疾驰而过的车把佛杜拉撞倒了。他不得不住院治疗。经历了两次大手术，佛杜拉的身体挨不住了。

1978 年 8 月 15 日，79 岁的佛杜拉去世了，他的骨灰被好友送回了西西里，安放在家族的小教堂中。他还留下了一幅画，那是在他逝世前的一周拿铅笔哆哆嗦嗦地画出来的。画面简单又美好，画的是他带着他的助手，两人拖着箱子牵着狗，结伴来到他在郊区的别墅享受假期。

佛杜拉没有后人，他的店卖给了跟着他几十年如一日的助手 Joseph Alfano，可他的助手年纪也不小了，勉强维持这个店。1985 年，Edward J. Landrigan 从 Joseph Alfano 手中买下佛杜拉。

佛杜拉珠宝店一直沿袭佛杜拉生前的传统，采取世代会员制。只有拿着佛杜拉制定的客户卡才能购买佛杜拉的产品，其他人不管多有钱，想买也买不了。不仅如此，佛杜拉从不专门做媒体宣传，全靠自己的名气和口碑，坚持着这样的原则，佛杜拉的市场很难进一步扩大。

佛杜拉的客户并不多，他很少和顾客直接接触，而是把更多的时间用于创作。他常年蛰伏在自己的工作室中，不愿被人打扰。为回避登门拜访的客人，着急时他甚至会说："告诉他们我死了。" 佛杜拉是个真正的设计师，他专心创作留下了几千幅设计作品，是佛杜拉这个品牌最大的资本。

佛杜拉设计手绘图

佛杜拉是个极具天分又相当勤奋的**设计师**。他生活在自己的童年世界里，在他各个时期的作品中，都留有他**贵族**童年生活的痕迹。他的设计主题似乎从来没有跳脱出自己生活的范围。凭借自己与生俱来的**丰富想象力**，戏剧化地将那些具体的事物和形象生动地刻画出来，通过首饰去表达。从后来他所患疾病，便能看出他的**勤奋**。他的勤奋源于对设计极致的热爱，每每提笔，他仿佛不知疲倦，他不断地在画图，留下了几千张设计稿。就他自身而言，他只是在自己的两百客户中周旋，只为极少数人服务。他曾说过一句颇具深意的话，每增加一个新客户，就会失去一个老客户。这样的模式必然如此，有限的时间和精力让这样的品牌难以做到广泛的宣传。他的作品确实吸引人，好玩、有趣，还能带给人发自内心的感动，甚至让人目瞪口呆。而如今，已经有人开始运作佛杜拉这一品牌，过去只有一个**珠宝沙龙店**，而如今已经发展到十家店铺了，将来还会有更大的发展。这样伟大的设计师，这么多**不朽的作品**，还有很多尚未被挖掘的精彩。日后必定会有更多的资本介入这样一个项目，佛杜拉的**市场挖掘度**和知晓度还远远不足，他尚有无限的**发展空间**。

全球布店：
10 家门店 3 个国家和地区

美国（8 家）：纽约、格林尼治、棕榈滩、华盛顿、贝弗利希尔斯、亚特兰大、麦克莱恩、华盛顿

加拿大（1 家）：多伦多

英国（1 家）：伦敦

http://www.verdura.com/. 2016-5-30

金镶红宝石石榴胸针,1960年,佛杜拉作品

H/tern

H. 史登

巴西・1945

H/tern

H. 史登

巴西・1945

1. H. 史登品牌创始人：汉斯·史登； 2. 宝石拣选师挑选合适的宝石； 3. 工人淘洗矿砂； 4. 游客参观H. 史登公司珠宝首饰制作流程；
5. 宝石拣选师对宝石进行筛选； 6. H. 史登公司里约热内卢总部

10.1 小难民

1939年第二次世界大战爆发前夕，纳粹日益猖狂，到处风声鹤唳，战争的阴云布满整个欧洲。而在德国柏林，犹太人更是生活在法西斯铁蹄的蹂躏之下，他们失去了自由，他们被折磨、被掳掠、被杀害，不仅在经济上受到致命打击，精神上也受到了难以想象的折磨。藏身于地下室的缝隙里，汉斯·史登（Hans Stern）躲过了地毯式的搜查，这个年仅16岁的少年紧张地观察着街外的动静，一点风吹草动都让他浑身发抖。

汉斯的父亲本是一名电机工程顾问，工作稳定、薪金丰厚，汉斯一家的生活美满安稳。可大规模的反犹太行动打破了他们原本平静的生活，随着纳粹党一系列令人发指的暴行不断扩大，更让这一家犹太人终日惶惶不安。为了永远离开这个不幸的土地，汉斯的父亲变卖家产、打包行囊，吃尽苦头的他们终于逃离了纳粹的魔掌，来到了一个举目无亲的地方——巴西。

到了异国他乡，日子过得十分艰难，汉斯的父亲没有太多选择，只是想尽快找份活计，好让这一家子能安顿下来。他只身前往巴西北部的一个城市，在水力发电厂工作，而汉斯则跟着母亲留在里约热内卢。汉斯的母亲在家缝缝补补，做些针线活儿，小汉斯也找了份工作，贴补家用。

汉斯在一个经营彩色宝石加工和销售的小型贸易公司担任文书。公司虽小，但订单不少，销往美国和欧洲的这些货品总该有人签订文件、审批合同，但公司的老板对于英文几乎是一窍不通，这倒是给了汉斯许多学习的机会。虽说当时他的英文也只是略知皮毛，但是为了生活，即便没有把握能否胜任工作，他也总是把工作任务全揽下，再拼命去学。本来只是一位打字员的汉斯，竟有机会直接接触许多重要文件、订单和合同，边做边学，英文突飞猛进，对公司的各项工作流程更加精通。

天资聪颖的汉斯工作起来逐渐得心应手，他总能高效地完成文书工作，然后在公司四处走动、到处看看。堆在别人办公桌上的宝石闪闪发亮，吸引着他的目光，这是汉斯第一次见着彩色宝石。他小心翼翼地把这些炫目的宝石捧在手上，视线再也难以挪开。

彩宝套件

  十七八岁本是玩性正浓的年纪，汉斯却独对宝石着迷。为了能和宝石有更多的接触机会，为了能更深入地了解宝石，他请求老板给他机会参与其他工作。得到了老板的应允，看到尚未打磨还带着泥的原矿石，汉斯会上手跟着工人挑挑拣拣，还会卷起袖子摆弄起打磨宝石的机器……他可不是一时兴起，而是全情投入。从宝石原料的挑选、宝石的切割设计到宝石的销售技巧，汉斯投入了所有业余时间，学得不亦乐乎。就连对公司的管理经营，他都有独到的见解，甚至能独当一面。老板倒乐得轻松，有了这么一个好助手，有时老板甚至撒手不管、全由他处理。

  当时的汉斯尚未满 20 岁，就已将公司的各项工作摸透了。工作了三四年，办公室里的工作再也难以满足汉斯的好奇心和求知欲。20 岁的汉斯放弃了稳定的工作，他选择直接深入源头，去探寻宝石的奥秘。

10.2　小店到大店

几经波折，汉斯总算找了份正合心意的"美差"——宝石采购，这下他可有机会亲自前往旷野寻宝。但这份"美差"可不是一件体面舒适的活儿。

巴西的森林资源极为丰富，原始森林遍布，到处是蛮荒之地，人迹罕至。汉斯深入蛮荒地区，单枪匹马找矿购货，洪水猛兽等各种仿佛只会在电影中出现的桥段在他身上轮番上演。有一回，汉斯突遇山洪，只好爬上树抱着树干等待洪水退去，哪想到退水后的沼泽地上还趴着一群鳄鱼在等着他，害得汉斯趴在树上不敢下来，就这样和鳄鱼们僵持了一夜。还有一次，汉斯遇到一只饥饿的美洲豹的追逐，他骑着马一路狂奔，而那只豹子穷追不舍，汉斯和豹子周旋了一夜直到天亮，才得以逃脱。

"洪水猛兽"倒不是最可怕的，最难的关卡其实是"人"。进入矿区，汉斯接触的可都是高大凶悍的工人，光是从体格身形上看，他气势都短了一截。可汉斯真诚待人，在矿区结交了不少朋友，当地人对他不错，给他报的都是实价，汉斯向来守信，童叟无欺，找人借货也是好借好还。

经过多年积累，汉斯终于想要自立门户了。为了筹集资金，汉斯甚至忍痛割爱，把大老远从德国带来巴西的那架一直陪伴着他的手风琴送进了典当行。东拼西凑之下，他总算是凑出 200 美元。1945 年，汉斯如愿以偿，在里约热内卢拥有了第一家属于自己的小店铺，建立起自己的小公司。虽然只是拥有一家不显山不露水的小铺面，汉斯对宝石的高品质却有着近乎偏执的追求。即便生意没有起色，他也用心经营，坚守品质，转眼便是五六年。

1951 年的一天，店里来了一位陌生的客人。这位买主看上了一条镶满海蓝宝石的项链，汉斯报价 22 000 美元，这在当时可是天价。买主对这条项链爱不释手，二话不说便付了全款。而这位客人，正是当时尼加拉瓜国的总统。从此以后汉斯·史登名声大振。名人花天价在汉斯·史登的店内购得极品海蓝宝项链，这让汉斯名利双收。

直到 1983 年，他在里约热内卢建了一栋大厦作为 H.Stern 公司总部，新大楼中包罗了珠宝制造的厂区、展厅和销售场所。新楼内还设置了宝石博物馆，陈列着宝石原矿、标本和汉斯的个人收藏，件件精彩，令人称奇。

彩宝套件

地大物博、物产富饶的巴西是个盛产彩色宝石的国家,而在传统的宝石分类上,国际宝石业界将彩色宝石按价值高低划分为贵重宝石和半宝石。钻石、红蓝宝石、祖母绿等传统经典品种被称为贵重宝石,而紫水晶、碧玺和海蓝宝等则被称为半宝石。实际上,从宝石学的意义来说,天然产出的这些好看的晶体都具有稀缺性,甚至有些大颗粒比钻石还稀少。只可惜当年这些美丽的、天然的宝石戴着"半宝石"的帽子,价格很低,再加上产量相对高,在当地更是没人认。

H. 史登的产品则是以巴西主产的彩色宝石为主,他利用巴西当地的资源,突出对其色彩的理解和运用,将彩色宝石的美发挥到极致。在汉斯的努力和推广下,这些彩色宝石逐渐成为了炙手可热的宝物,绚丽的宝石终于得到了应有的认可。

10.3　首饰是怎样做成的

　　每架飞往里约热内卢的班机上都写着宣传标语——"H. 史登欢迎您"，乘客一落座，便会收到一份宣传册，详尽介绍了 H. 史登这家巴西的珠宝公司。抵达机场，H. 史登的广告牌下站着一位衣着光鲜的美女，看到游客便会主动提供一份地图，根据游客的生日月份，还会送上精致的礼物。比如二月份生日的游客，便会收到二月生辰石紫水晶的天然晶体柱。H. 史登工作人员的热情招待令刚结束长途飞行的游客有一种宾至如归的感觉。到达酒店，游客还会收到一封信，里面用多国文字写着："请与您下榻酒店中的 H. 史登公司人员联系，他们会安排交通工具，带您免费参观 H. 史登公司。若蒙大驾光临，我们将赠送您一份精美的小礼物。"这样一种无处不在、无孔不入的营销模式，使游客们对 H. 史登公司产生强烈的好奇心，更无法抗拒宝石的诱惑，纷纷前往 H. 史登所在的大厦参观一番。

　　H. 史登大厦里配置了 9 种语言的语音导览讲解设备，客人戴上耳机，即可观看厂方播放的短片，领略 H. 史登的历史，了解彩色宝石的知识。接下来往前走进一条通道，通道的一面是展示窗口，透过橱窗，可以看到 H. 史登的员工制作珠宝的每一个流程，从分选原料到最终完成设计成品，橱窗上方列有各项流程的详细说明。H. 史登公司是真正意义上的全程独立运营的公司：从勘探、开采，到宝石切割、鉴定评估、首饰设计、珠宝镶嵌、展示宣传、批发零售，一直到全球推广，完全自己一手包办。

　　展厅展示的是 H. 史登的珠宝配饰，明码标价、价格公允。亲眼目睹珠宝首饰设计与制作的一道道复杂工序后，客人们对这些精致的珠宝更是心生喜爱。H. 史登公司强调，导购们不允许给客人任何销售压力，只是对客人的咨询作详细解答。即便是对珠宝没多大兴趣也没有关系，这里还有巴西当地特色的旅游商品供客人挑选。据说到里约热内卢旅游或工作的人里，有将近 1/4 的人在 H. 史登大厦购得心仪的物品，享受过周到的服务，其中还包括不少明星和国际政要。

　　H. 史登公司把握了游客资源，推出一系列创新举措吸引来自世界各地的游客，带领游客了解 H. 史登的生产与创意过程，趁势将生意不断扩大，使 H. 史登这一巴西品牌植入人心，让全世界都了解到巴西彩色宝石的魅力。

彩宝套件

彩宝套件

10.4　一门三杰

20 世纪 80 年代的中后期，H. 史登的年销售量在珠宝界已达到全球前四位的位置。汉斯培养起来的三个儿子各有专长，分别精通市场营销、宝石学和博物馆学。在他退休后，孩子们又将公司继续扩张，在各个方向上推动 H. 史登的发展，使店铺遍布全球。

年过 70 的汉斯始终努力工作，经常亲自外出旅行寻找新矿苗、采购宝石原料、看店参展、定新厂址等。汉斯生活规律，晨练从不间断，工作时间从早上八点多到晚上六七点，在窄小的办公室中亲自处理大大小小的事务。汉斯不抽烟、不喝酒，也很少进出高级酒店和餐厅，他甚至从不穿系鞋带的鞋，只是为了节省时间。

汉斯·史登是一个伟大的珠宝商，他把不被重视的、甚至是受到轻视的宝石品种推向了一个新的高度，再加上**原产地**的优势，造就了一个新兴的品牌。将新兴的品类、新兴的品牌向全世界推广，这其中有许多困难，但是汉斯·史登凭借他特有的勤奋和智慧，他做到了。在销售方面，采取了极特殊的**认知旅游**模式，全面铺开、无孔不入，这是一种极具进攻性的推广方式。海蓝宝石、紫水晶、石榴石……这些不属于传统宝石类的"**半宝石**"，便宜、量大，有充足的利润空间，因而H.史登的市场定位趋向**大众化**，推出的产品多属商业款，这也与他起步时的市场环境相适应。汉斯·史登可谓是一个全才，也只有这样的一个**全才**，才能将一个不被全世界所认知的品类，推广成为大众所乐于接受的珠宝。

全球布店：
126 家门店 13 个国家和地区

中国（1 家）：上海
美国（2 家）：纽约、科勒尔盖布尔斯
巴西（68 家）：马瑙斯、萨尔瓦多、福塔雷萨、巴西利亚、哥亚尼亚、库亚巴、大坎普、贝伦市、贝洛奥里藏特、伊瓜苏、库里奇巴、尼泰罗伊、累西腓、里约热内卢、阿雷格里港、圣卡伊塔努、弗洛里亚诺波利斯、圣保罗、坎皮纳斯、巴鲁埃里、里贝朗普雷图
以色列（23 家）：特拉维夫、里雄莱锡安、海法、埃拉特、荷兹利亚、耶路撒冷
墨西哥（8 家）：墨西哥城、萨波潘、坎昆、蒙特雷、圣菲、帕尔马斯
秘鲁（8 家）：利马、库斯科
阿根廷（5 家）：布宜诺斯艾利斯、乌斯怀亚
俄罗斯（4 家）：莫斯科
法国（2 家）：巴黎
德国（2 家）：法兰克福
葡萄牙（1 家）：里斯本
英国（1 家）：伦敦
美属维尔京群岛（1 家）

海蓝宝石项链，年份不详

ilias LALAoUNIS

莱拉渥尼斯

希腊·1968

ilias LALAoUNIS

莱拉温尼斯

希腊·1968

- *Ilias Lalaounis* -

1. 莱拉渥尼斯品牌创始人：伊利亚斯·莱拉渥尼斯； 2. 伊利亚斯·莱拉渥尼斯的女儿展示莱拉渥尼斯首饰；
3. 莱拉渥尼斯雅典店； 4. 莱拉渥尼斯珠宝博物馆； 5. 金工工艺

方钠石套件,模仿古印度的图案

11.1　黄金世家

古希腊文明源远流长，同大多数古文明一样，那时候的人们都崇拜黄金，认为黄金是阳光的浓缩物，是固化的太阳。来自希腊古都特尔斐（Delphi）的莱拉渥尼斯家族，世代打造金饰和钟表，一家小金铺传承了三代人。为了更好的发展，莱拉渥尼斯家族迁到了古老的文化名城——雅典。1920 年 10 月 4 日，在雅典最舒适的季节，家族迎来了新生命，伊利亚斯·莱拉渥尼斯（Ilias Lalaounis）出生了。

从小就在家里的金饰店走动、嬉闹，耳濡目染下，伊利亚斯对希腊金工技巧产生浓厚的兴趣。伊利亚斯就读雅典大学，主修经济与法律。毕业之后，伊利亚斯没有根据自己所学的专业来选择相关工作，他来到叔叔的公司 Zolotas，跟着经验丰富的金匠师傅，当起了小学徒工。

1941 年，正值第二次世界大战时期，伊利亚斯开始接手管理叔叔的公司，思考着如何给黄金饰品注入新生命。到了 20 世纪 50 年代，希腊逐渐从战争的阴霾中恢复了过来，伊利亚斯的想法也渐渐明朗。

伊利亚斯对历史有着不同于常人的强烈热情，曾经大放异彩的希腊金工技艺，如今只有少数希腊老匠人掌握，传统的艺术竟无人欣赏，这让他感到十分痛心。他经常去博物馆，看看陈列在展柜中的两三千年前的古董金饰。德国考古爱好者施里曼根据《荷马史诗》的描述，挖掘古城，发现了大批黄金饰物，这批资料让伊利亚斯深受启发。

古波斯风格耳饰

11.2 施里曼的故事

19世纪的德国人海因里希·施里曼(Heinrich Schliemann)出生在一个贫苦的家庭,14岁时便辍学在杂货铺当学徒工。他的童年生活十分孤独,陪伴他的只有古希腊的吟游诗人荷马笔下的《荷马史诗》,他认真地细读着其中的每一段故事,插图里描绘的火光冲天的特洛伊城门让他叹为观止。木马屠城的故事看得他热血沸腾,在他的脑海中留下了深深的印记。他反复品读这段故事,想象着传说中的人间最漂亮的女人——海伦得有多美,脑海中重现着铁马金戈的特洛伊疆场。特洛伊在神话和传奇中出现,没有人相信它真实存在着,施里曼可不这么认为,如果能找到化作废墟的特洛伊古城和那些失落的宝藏,那该有多好。

施里曼凭借自己与生俱来的天赋和不懈的努力,慢慢步入商界,积攒财富。他克服了艰难险阻,经历过重重曲折,到了50岁那年,他所拥有的财富已经远远超出他曾经的最高奢望了,但他从未忘记过令他心驰神往的特洛伊古城。他下定决心,放下所有的事业,毅然前往希腊,去寻找、去探挖古迹。

他亲自周游了希腊的各个城镇,探寻了每一个角落,细心比照《荷马史诗》里所描述的环境,最终在土耳其西北面的希萨利克(Hisarlik)山丘停下了脚步。1870年,他带着自己的新婚妻子——年轻漂亮的希腊少女索菲娅(Sophia Engastromenos)来到这片让他魂牵梦萦的土地,开始考古发掘。

黄金手镯

没有专业的指导、没有当地政府的支持，专家学者们对他讥讽攻击，就连雇来的工人们都在暗地里嘲笑他痴人说梦，但施里曼毫不气馁，各项工作亲力亲为。这支业余考古队陆陆续续挖出了一些残砖、烂瓦、碎陶片和武器，像是在讲述着这片土地所经历的无数战争，朝代更迭、城毁城灭。到了第二年，竟显现出了规整的门洞、大面积的街道，他们挖出了整个城市。施里曼坚信城下还有城。

1873年6月15日，工人们都在收拾工具和设备，挖掘工作即将告一段落。施里曼在挖掘古迹中踱步，多年的梦想终于实现，他竟有些不舍，只是未见书里所描述的金银穿戴、奢华首饰，多少有点不甘心。走着走着，忽然间，夕阳中的一缕金光格外刺眼。他顿时心里一惊，连忙把妻子喊来，两人蹲在地下古建筑物的围墙边，疯了一样地开始刨土，搬开乱石，这一挖竟挖出了成千上万的金戒指、金耳环、金手镯。还有一顶由16 353个金片和金箔组成的金冕，说不定，这就是美女海伦的饰品。

施里曼带着这些宝藏到各地去巡展，引起了全世界哗然。古希腊金工技艺做出来的黄金首饰，即使在数千年后，也无不让人叹为观止。

11.3　旧与新

不忍看着文化瑰宝被埋没、逐步走向失传，无人传承发扬，伊利亚斯开始学习老祖宗的艺术，用古希腊传统金工技巧制出华美的仿古金饰。

伊利亚斯潜心研究希腊博物馆中的古典金饰，并对其进行仿造、改制。为了尽善尽美，他不仅仅从那些古代艺术中抓取灵感，在造型和样式上仿古，他还会与一批顶尖的工匠们组成仿古小组，一同钻研那些被遗忘的、失传的工艺：造粒工艺，金银细丝工艺，手工编织，手工锤击……试图掌握古老的金工技艺，再对现代技术加以利用，复刻古希腊的金饰并注入新的生气，致力于传达每一个特殊的设计背后的历史和艺术的深意存在。

直到1968年，他的叔叔去世了，伊利亚斯决定自立门户，他建立起自己的公司"Ilias Lalaounis- Greek Gold S.A."，总部设在Karyatides Street，坐落在雅典卫城脚下。

不像其他同行喜好钻石和大颗宝石，他独对黄金着迷。他的收藏，从18K金到22K金，受到不同时期的文化艺术的启发，跨度范围从史前文明到米诺斯文化，从波斯文明到拜占庭文明，从中国艺术到都铎王朝艺术。莱拉渥尼斯对历史研究了个透彻，对传统工艺和传统纹饰做了大量的功课。许多欧洲的贵族及一些博物馆人员都慕名而来，专门邀请他做复制品、修复老物件。

花形金饰，年份不详

摆件，灵感来自核酸螺旋结构

  莱拉渥尼斯在发展的过程中逐渐发现自己的问题所在，一味地仿古、复刻，总是有限度，总是重复过去东西难能得到更好的发展，他开始进行创新。

  看着幽蓝天空中的点点繁星，莱拉渥尼斯突然有了灵感。他竟开始研究起了天文学，白天跑去航天博物馆学习天体运动轨迹，夜晚到郊外观星象，忙得不亦乐乎。经过半年多的研究，他推出了银河系列首饰。

  刚用天文望远镜研究完宇宙，莱拉渥尼斯又找来了高倍电子显微镜，开始观察微生物、细胞组织。在生物领域寻求灵感。他以雄性生殖细胞——精子为主题设计出一套别致的首饰，想法前卫，反响惊人。

  设计新颖大胆的现代黄金饰物，让莱拉渥尼斯到达一个新的高度。他甚至跑到距离遥远的东方，抵达日本、中国，采购玉石，制作首饰。

11.4 宝藏

1957年，伊利亚斯成立希腊珠宝商协会。同年，他推出一个大型展览——"宝藏"，展出他个人的考古收藏，精心挑选一万多件精品进行巡展，除了传统的希腊风格古董金饰，还有米诺斯文明和迈锡尼文明时期的艺术作品。巡展伊始，很多专家学者、雅典老金匠对伊利亚斯此举冷嘲热讽，就等着看笑话。在他们看来，已经在博物馆中陈列多年的那些老旧饰品，重新再拿来展览，有何意义？然而不曾想，这次活动好评如潮，获得了广泛的关注和鼓励，宝藏又连续巡展了几年，加大了莱拉渥尼斯在欧美的知名度，莱拉渥尼斯这个希腊品牌得到了越来越多的认可和欣赏。

耳饰，金珠工艺

11.5　船王的最爱

杰奎琳·肯尼迪没有绝世的美貌，更没有可圈可点的身材，但她优雅高贵、卓尔不群的气质和勇敢坚定的意志赢得了世人的仰慕，先后征服了美国前总统约翰·肯尼迪和富可敌国的希腊船王，更是无数女人的时尚风向标。

肯尼迪家族位高权重，这样的权势和荣耀随之而来的是种种灾祸。肯尼迪总统遇刺时，一双儿女还都幼小。她难以承受这个打击，更对儿女的人身安全忧心忡忡。肯尼迪去世后，声名显赫的希腊船王奥纳西斯第一时间给杰奎琳送来关怀和安慰，奥纳西斯的花心多情名声在外，但杰奎琳还是被他独特的魅力打动了。

杰奎琳拥有独到的眼光，在物质上有很高的的追求，在她看来，漂亮需要精心地打扮，她喜欢那些精致璀璨的珠宝。奥纳西斯对杰奎琳向来出手阔绰，杰奎琳曾说过："如果我要月亮，他也会为我摘下来。"他一直对杰奎琳大献殷勤，常送昂贵的珠宝首饰给她，而莱拉渥尼斯就是首要选择。

老船王是希腊人，对希腊的传统文化情有独钟，十分欣赏莱拉渥尼斯的才华，是莱拉渥尼斯的大主顾。船王奥纳西斯经常在莱拉渥尼斯订购金饰，光是戒指都有好几百枚，有时杰奎琳的十个手指头全会戴上莱拉沃尼斯的戒指。

1984 年，莱拉渥尼斯从自己从业几十年打造出的 12 000 件作品中挑选了 500 件精品，出版了一本图集——《蜕变》。这本图集还囊括了古希腊、古罗马和古埃及的黄金饰品演化史。《蜕变》的出版，影响力巨大，在欧美多国引起强烈反响，这为莱拉渥尼斯到世界各地扩张也奠定了基础。

1994 年，在雅典卫城脚下，他建立了伊利亚斯·莱拉渥尼斯珠宝博物馆（Ilias Lalaounis Jewelry Museum），展品多达 4000 多件。游历这座博物馆，能了解到希腊从古至今的金饰制作技巧。除了莱拉渥尼斯精心创作的黄金饰品和微雕作品，博物馆还展示了样品首饰工作间。

11.6 四大美女

每一个家族企业的掌门人都致力于培养出色的接班人,莱拉渥尼斯品牌起步晚,虽然刚到第二代人,但这四位接班人着实让人眼前一亮。伊利亚斯的四个女儿个个是典型的希腊美女,高大匀称的身材,深邃明亮的大眼睛,挺拔的鼻梁,性感的嘴唇,头发乌黑而明亮,高贵的气质。莱拉渥尼斯每每有新品发布,这四位黄金美女轮番出马,担任品牌专属模特,佩戴父亲设计的黄金首饰,一颦一笑都非常端庄高雅,具有亲和力,显得非常自信。

支撑起一个品牌可不光靠高颜值,四个女儿都拥有高学历和高能力。大女儿 Aikaterini Lalaounis,从巴黎索邦大学(Sorbonne)经济系毕业后,负责经营和管理位于希腊本土的十余个店面,参与设计工作。

二女儿 Demetra Lalaounis 就读于美国波士顿五大名校之一的塔夫茨大学 (Tufts University),主修艺术学,曾在苏富比拍卖公司就职,积攒了丰富的工作经验,还专门到美国宝石学院修习宝石课程。位于美国的分店由她负责管理,负责海外市场的她需要时常来往于欧洲的各个分店,是名副其实的空中飞人。

三女儿 Maria Lalaounis 本科就读于入学竞争极为激烈的布朗大学,主修经济学,之后到纽约大学攻读艺术管理硕士学位。深入学习金饰设计和生产工作,经由她手设计的作品新派前卫,合乎现代潮流,符合年轻人的口味。

小女儿 Loanna Lalaounis,天资聪颖、精明干练,为了更好地管理和发展莱拉渥尼斯博物馆,她前往伦敦 Richmond 学院深造,顺利拿下美术馆管理的艺术硕士学位。回国后,将博物馆经营得有声有色。

自 1998 年起,伊利亚斯一直坚持创作和设计,将更多的作品传给了四个女儿。他想留下更多的作品,让他的设计能一直延续,让莱拉渥尼斯的产品成为永恒之作,流传百世,让未来的人们还能够看到他的设计。

每当伊利亚斯提起他的四个女儿,总会有说不完的故事,而这些故事都和黄金有关。据伊利亚斯所言,莱拉渥尼斯家的四个宝贝女儿,出生之后出院时,首先要去的第一站就是弥漫着金粉的金饰工坊,给那些莱拉渥尼斯的老师傅们看一眼,相个面,才回到自己家中。如果说别人家的孩子出生之后是受圣水洗礼的,那莱拉渥尼斯家的孩子就是用金粉洗礼的。

- Ilias Lalaounis -

伊利亚斯的四个女儿（从左往右，自上而下）：Aikaterini, Demetra, Maria, Loanna

人类文明的发展是螺旋式的上升，时尚风潮是**周而复始**的循环，蓦然回首，那些无可替代的**经典**是否可以被不简单地重复着？当许多人都对**传统艺术**抱以怀疑的态度，对旧时代的经典之作不屑一顾时，**莱拉渥尼斯**重拾传统，并且在此基础上不断地进行创新，这是难能可贵的。莱拉渥尼斯让古希腊文明的**金饰艺术**惊人地再现在世人的面前，几千年的文化被重新表达，这源于对自身文化的自信和民族传统的自尊。尊崇传统同样能够创造新类，**致敬经典**一样可以领先世界，那可是相当于站在巨人的肩膀上。中华文明源远流长，传统文化和艺术有很多值得借鉴和品味的经典，可惜的是中国的设计师对于传统的挖掘不够深刻，要做的不应该只是简单地照搬经典，在学习的基础上提高才是正确的路径，莱拉渥尼斯充分地做到了这一点。

全球布店：
11家门店 4个国家和地区

希腊（8家）： 雅典、塞萨洛尼基、米科诺斯、圣托里尼岛、科孚岛
美国（1家）：纽约
英国（1家）：伦敦
法国（1家）：巴黎

花形金饰，年份不详

后记

ཆོས།

RENJIN

任进

中国 • 2015

难忘的记忆

1962年10月16日，任进出生在北京的一个革命干部家庭。一个月后，刚刚满月的他随着去湖南上大学的母亲坐上了北京开往长沙的列车——毛泽东号机车组。因为受了风，小孩很不舒服，又没有牛奶喝，他一路上哭个不停。当时物资匮乏，实行的是配给制，所以只有一些干部能到火车餐车上领取热牛奶。小孩眼泪流个不停，看起来十分可怜，有个干部模样的人，把自己温热的牛奶给了这个孩子。

抵达长沙，还在襁褓中的任进随母亲住进了湖南中医学院的女大学生宿舍。孩子太小太难带，没人敢帮忙照看，好在任进的母亲碰到了在大学门口看大门的李老伯一家。李老伯出身不好，有点文化，他十分喜欢小孩，他没有后代，倒是抚养了一群孩子。母亲把幼小的任进托付给了他。

三岁的时候，任进生了一次重病。上吐下泻，昏迷不醒。家住在医院，却治不了这个病，把家里人急坏了。实在没办法，母亲抱着他去到了火宫殿后面的寺院里。寺院里有位老和尚，五分钱硬币扎一针，一排针扎下去，这孩子才哭出声来，还流出了几滴黑色的血。老和尚轻轻抚摸着孩子的头说："估计到了傍晚他就能坐起来了。"

四岁回到北京，正赶上"文化大革命"，任进经历了那个动荡的年代，学校停课，每天开批斗会，修防空洞。他也当起了红小兵，红卫兵。那个时代非常特殊，北京的胡同街道都改了名字，其中有一条胡同，给他留下了最深的印象。那条胡同又细又长，甚至容不下两个人并肩而行，当行人迎面相遇，必须都侧着身子才能通过，原来那条胡同叫羊肠子胡同，后被改名叫五敢胡同，代表着毛主席提出的红卫兵的"五敢"精神。敢批判敢斗争的这种思想，从小根植于他的大脑里，带给他一种大无畏的精神和改造世界的勇气。

1976年，中国发生了很多大事。这一年，三位伟人相继辞世，无情的大地震带来了40万人的死伤。十月，"四人帮"被粉碎了，延续十年之久的"文化大革命"终于结束了。随后，中断了十年之久的高考制度重新恢复，毕业的中学生不再去"插队"，他们的人生有了新的选择——努力学习考大学。所以，小学的时候基本没有怎么学习的任进，也开始努力了。

在此之前，任进并没有太认真地读过书，好在他的记忆力出奇地好。中学英语第一册，他仅用一天就能学完，96个英文单词，他从头到尾全背了下来。当时的英语考试没有听力和口语部分，一个不会读只会写英语单词的学生，竟考出了满分100分的成绩。出色的记忆力让他百战百胜，在统考重点高中的政治考试时，他竟然考出了99分的高分，丢了的那一分估计也是因为有错别字。这种能力大概是天生的，记忆力伴随着他考取了中国最好的大学——北京大学，伴随着他取得了硕士学位，伴随着他跳级提前攻读了博士学位。每到考试前，他仔细看一遍，就能大致背下整本书，就连学习数学他都是靠背例题。

"柔软的力量"系列，任进2016年作品

除了惊人的记忆力，任进还拥有与生俱来的特殊想象力，在他的头脑里经常冒出一些怪想法。他的博士论文做的是矿床研究，因地质作用形成的、有开采利用价值的矿物资源的聚集之处，都能称之为矿床。这些矿物资源到底在哪？人们是如何确定矿床的位置的？他总在思索这些问题。有一次，他突然向他的博士导师提出一个问题，他说："老师，天上的星星和地下的矿产分布会不会有着某种相关性？天地之间或许存在着某种联系，如果我们把已知矿床分布图和天文星象图对比分析，会不会从中找到矿床分布的规律呢？"这样的想法未免也太奇特了，导师只是回了他一句话："别乱想，好好踏踏实实地做你的论文。"

除此之外，他还有很多新奇的点子。刚刚毕业的他，分到了一间平房。房间又小又挤，洗澡成了个大问题，去公共浴池更是不方便。他心生一计，想着将一层一层的救生圈，粘接在一起，等到要洗澡的时候，把气打满，在中间灌上水就成了个"大浴盆"，洗完澡把脏水排掉，把救生圈的气放掉后还可以将它折叠起来方便收纳，多好。但是这个想法也被很多同事和师兄弟们认为是愚蠢的。他们说："可别在我这儿实验，到时候水一漏把我的屋子给淹了。"

多年前他曾萌生过设计童鞋的想法。参照不同汽车的款式，歪歪扭扭的卡通造型，布制的小鞋子里头搁着小喇叭和小灯，踩一脚，会出声，还能闪光。根据不同的车，踩出不同的声，闪出不同的光。可以是警车、救护车和消防车，还有奔驰和宝马……这么有意思的设计，可能会有人因此而收集这些鞋。可惜当时民间的制鞋业不多，还是以国营为主，他的这个想法也就只能停留在想的阶段，实现不了。后来竟然有了类似的市场热销商品。

博士毕业后，任进留在学校任教。他开始思考将来究竟要做什么。他不能再像过去那样利用记忆力去考试了，更何况之后已经没有机会参加考试了。工作不同于学习，他当然可以继续背下原来老师教过的东西再传诵给后面的学生，但他不想这样，更何况他这么有想象力，他还想做很多有意思的事。他想主宰自己的生活，为自己的想象力找一个发挥的出口，并且能为人所用。

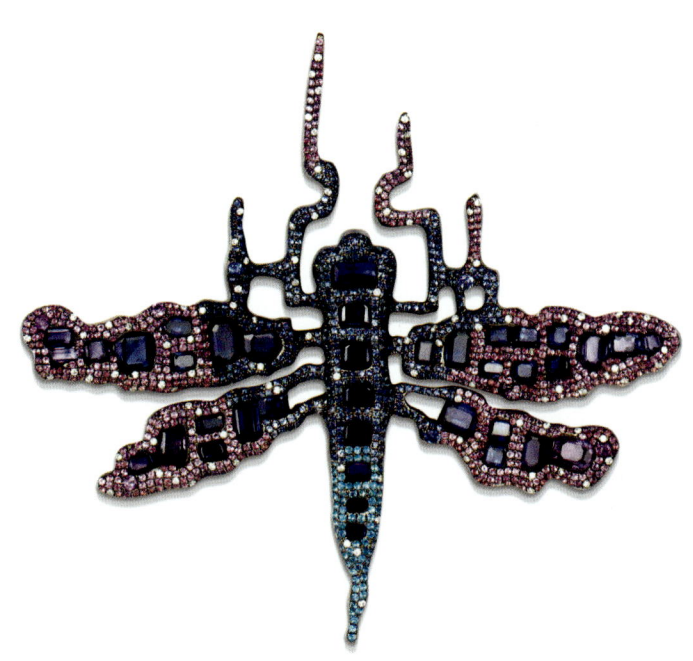

"柔软的力量"系列,任进 2016 年作品

专业的选择

有一个专业让任进十分感兴趣，珠宝设计。设计很主观，整个过程全靠自己独立完成，这非常符合他的个性。这个专业在国外已经发展了很多年了，基本上都是贵族们在从事的，而在中国还处于空白状态。国内基本没有首饰设计人员，也没有系统教学。想学也找不着人教，没有老师。

1993年，任进的师弟——《中国宝石》杂志的一位编辑向他约稿，邀他撰写一篇关于首饰款式发展趋势的文章。他饶有兴趣，欣然答应。正巧，他的北大舍友从美国留学回来探亲，带回了一本美国某珠宝品牌的首饰款式图集，任进参照图集的内容，将产品进行了分类，并根据款式的设计题材和材料的特点，对中国珠宝未来市场流行趋向作出分析。朋友见他对首饰设计这个行业如此感兴趣，推荐他参加了香港首饰设计函授班。任进通过中国银行交付了400元港币的学费，这笔钱是他两三个月的工资，几乎是他的全部积蓄。过了一段时间，从香港那边寄来了一本手绘教材，仅仅80页，黑白印刷，画面粗糙，居然售价280元港币。无论如何这是一个开始，他极其努力地学习着，每隔一段时间，他就将自己画好的一大捆图纸邮寄到香港，老师简单批复后再寄回，前后得花上一个多月的时间。

当时，很多朋友都在劝他，别想着做设计了，国外首饰设计已有百年历史，无数款式，抄都抄不过来。但他不这么想，他认为，每个人头脑都各不相同，每个民族文化也都不一样。中国人不缺想象力，中华民族更是有深厚的文化积淀，只要不去抄，就一定能够创造新的美。

初接触设计，任进感到有些吃力，可没过多久，他就接到了第一个设计订单。1995年，一个美国的服装公司想要为一批新的具有中式风格的服装搭配耳饰，他们相中了中国传统的首饰工艺——"烧银蓝"。但他们并不了解这门工艺，也找不着合适的设计加工人员。经朋友介绍，任进试着做了。这其中面临着不少问题，包括对烧蓝颜色的把握、银材料的运用，还有如何更好地表现东方韵味。而在那个时候，他基本上不会画彩图，处理设计图所用的386计算机软件是最简单的windows3.0画板，还没有彩色打印机，再加上语言交流的障碍，他并没能和对方顺畅地沟通设计方案，全凭自己的想象，他试着设计了36款首饰，没想到竟被选中了4款，做了批量。设计费虽然只是几包样品，没有钱，但是他已经兴奋异常。这段经历奠定了他对自己设计能力的信心，极大地鼓舞了他的设计热情。

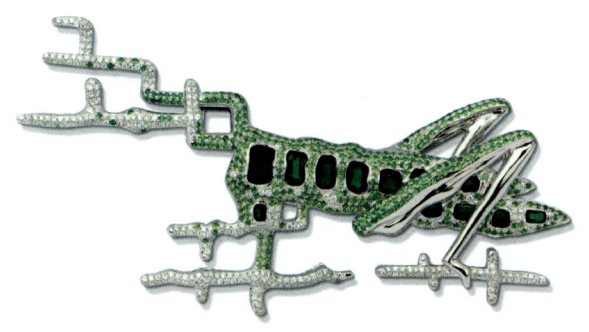

"柔软的力量"系列，任进 2016 年作品

20 世纪 90 年代初，珠宝市场在中国大陆正处于起步阶段，新兴行业的发展需要大量的专业人才。中国地质大学（北京）在 1995 年正式成立珠宝学院，学院设立了珠宝鉴定专业。然而，一个学院若只有一个专业，显然是很不合理的，学校也因此提出成立珠宝设计专业。而在那段时间，任进一直在各个高校讲授珠宝首饰设计的相关课程。1996 年，他受学校委托，主持筹建珠宝设计专业。

1998 年，珠宝设计专业开始招收第一届大专生，招生名额仅有 25 人，竟吸引了一千五百余名考生。考试现场人头攒动，气氛热烈、盛况空前。一个全新的专业竟在初设之时就得到了如此强烈的反响，简直不可思议。大概是因为"珠宝设计"这个名字太好听了。很多人可能不知道，珠宝设计专业在当时还不属于艺术门类，因为教委的专业名录里没有这个项目，申报专业时，教委并未给予相应的专业号，因此这是一个岩石矿物地球化学学科下属的设计专业。但这样的奇怪嫁接，并没有影响到珠宝设计一年又一年更为火爆的招生和热烈的社会反响。直到 2000 年，珠宝设计转成了独立的艺术专业。

任进出版过多部设计著作。他撰写的第一本珠宝设计教材——《珠宝首饰设计基础》，前后再版十余次，销量多达四万多本。在中国大陆，几乎所有接触这个专业的人都读过这本书，都知道有任进这么一位教授珠宝设计的大学老师。

职业设计师

任进生动形象的教学风格，幽默诙谐的语言，一直深受学生们喜爱。从事教学工作二十多年，他已为行业培养了近万名珠宝设计人员。他开始思量，是继续他的教学工作，还是逐渐把重心转向职业设计工作？经过反复的斟酌，他选择了向后者转移，将更多的精力投入到职业设计上。在他看来，脱离了市场的支持，首饰设计很难得到长远的发展，更不要说引领市场了。中国的珠宝设计行业已走过二十余年，学生们需要的不仅仅是设计理论和设计方法，更想看到怎么让自己的设计天分得到充分的发挥，如何通过设计改变人生。国内的大批珠宝设计人员需要榜样，而榜样的力量是无穷的，身教胜于言传。作为一个已经从事教学和设计工作二十多年的教师，他开始转变自己的身份，转变成为职业的珠宝设计师。他想为大家做出表率，这是他作为行业带头人的使命感。

2009年，任进与朋友合作成立了珠宝会所，专业进行珠宝定制的设计工作。刚起步时客户很少，而且多数人看重的还是宝石本身的价值和产品的制作成本，设计只被视作一个附加服务，没有得到重视。对于一个职业设计师来说，这是一个大问题。要怎么样才能充分展现自己的设计，将大家对于宝石原料的兴趣、对首饰成本的控制，和简单地投资于原料的这种消费观念，转移到对首饰设计艺术的追求呢？他想了很久，开始专注于个人作品的创作。

作为一个设计师，从为客户做产品定制到销售自己的独立作品，这个转移经过了几年的时间。当人们看到一件件精美的、充满了想象力的作品时，原本那些对原料的关注被抛到了脑后，而是对人文，对想象力和创造力的赞叹。在任进的作品中，珠宝首饰具备的不仅仅是"一颗永流传"的特质，而是更有情趣、更为生动的思想延续，是对个人审美、个人品位的一种提升。越来越多的人成为他的顾客，甚至成为他的拥趸。当然，高级定制是一种相对高端的事情，每一款设计只出一件产品，制作过程也极为繁复。在他竭尽全力的努力下，一年顶多也就能出一两百件作品，而这对于独立设计师来说，已经是很夸张的数量了。

作为一名职业设计师，展示自己的设计作品，将其销售出去，都不是目的，终极目标只有一个，就是更多的创造。对于设计师来说，设计图做完了，理论上已经完成了自己的设计，是否做成了成品，那是加工师傅的问题和资本的问题；是否销售出去了，那是市场的问题和渠道的问题。所以，在任进的思想里，职业设计师就是不断地作图，他把对美的理解和与众不同的想象，记录在设计图上，留给后面的人。设计师不能控制市场，也不能指挥加工师傅，但可以督促自己去画更好看的首饰，设计更漂亮、更有意思的珠宝。如果一个人对完全自我控制的事情都不去努力，那还能埋怨谁呢？所以，他坚定地、义无反顾地走上了职业设计师的道路，大量的设计作品出现在了中国的高端市场。

2013年，受法国巴黎时装工会的邀请，他设计的30套珠宝配饰与Laurence Xu设计的礼服一同走向巴黎高级定制时装周的舞台，成为登上该舞台的首位华人珠宝设计师。他的设计得到了设计界的一致认可，吸引了国外同行的目光。自2014年起，他已连续几年在北京华尔道夫酒店举办个人作品展，每年展出的新品大部分在展前就已被收藏预定。他还数次以自己的作品参与慈善拍卖，均已10倍以上超高溢价拍出。2016年，他作为中国珠宝设计师的代表参加了瑞士巴塞尔钟表珠宝展，他的作品被许多媒体争相报道。在参展中，他得到了许多来自国外顶级品牌的同行的认可，同时也获得了JCK拉斯维加斯珠宝展（Jck Las Vegas）和Couture Design Awards的邀请。

任进经常挂在嘴边的一句话是：用作品说话。在他看来，一个设计师自己的穿着打扮如何？是否善于台前表演？这些都不重要，关键是要能拿出震撼人心的作品。用作品说话是设计师的本职。到前台去表演那是演员的事，设计师就好比在幕后工作的编剧，要做的只是保证创作出好看的故事。

"柔软的力量"系列,任进 2016 年作品

永远的设计师品牌

制约设计师发展的一个不可抗拒的因素就是时间。时间有限，生命短暂，一个人终究会走向死亡，如何才能让自己的思想不断往前走，历久不衰呢？在中国古代，道家的研究就已有明确的思想。就像"道"字一样，一个"首"字一个走之旁，所谓得道者指思想在行走。将自己的思想著书立说，或形成作品传给后人，即便原创者不在了，人们仍然能够感受到他的思想的力量。珠宝本身是能够留存千万年而不朽的。设计师能够将自己的设计和思想融入到珠宝设计作品中去，并且让这些永流传的珠宝首饰在世界上得到广泛地传播，这就需要一个品牌化的操作。如果一个职业设计师仅仅停留在设计作品上，而不进行有效的市场推广和宣传工作，那就等于被埋藏，也不会有人来收藏。2015年，他注册了独立设计师品牌"任进RENJIN"，专注于高级珠宝作品的创作和定制。他制订了长期的宣传推广和产品发展目标，希望能做成一块金字招牌，并且让这个品牌能够一代一代地传下去。为此，他做了很多准备，而一个最为重要的准备，就是耐心。

在现在的中国，社会经济发展迅猛，机会良多、诱惑不断，保持初心并不容易，很多人都在不断地改变和调整自己原始的理想。如果不改，还会被人认为是不合时宜、保守，甚至是愚蠢的。但任进不这么想，他认为，只有那些偏执狂，不斜视不旁视，执着前行，延着一个方向长期努力的人，才可能达到艺术的高峰，活出理想的状态。

关于风格

  品牌需要有一个独立的风格,才能有一定的辨识度。没有辨识度的产品,很容易被模仿,更难以给人留下深刻的印象,而辨识度过高的设计,往往因为个性太强而不被人接受。在他的设计作品中,能够越来越清晰地看到树立品牌所需要的一个重要因素——风格。任进的设计风格是打着中国烙印的"似是而非"。他取材于自然,同时又融合抽象与想象,在自然和人文之间搭出自由写意的桥梁,将美升华到新高度。做有意味的珠宝,这是他对艺术和美的理解。

  为了达到"似是而非",任进付出了二十余年的艰苦努力,硬生生将原本那个记忆力超群的自己转化成了一个失去短期记忆能力的人。在他的设计初期,那过目难忘的记忆力成了他在寻求创新和改变上的一个阻碍。有一段时间,他的心理压力非常大,所有形式的转换在他头脑里都很难实现,简单的重复成为他一段时间内难以突破的瓶颈。在那几年时间里,他很难创造新类,看到一个图像或者是一件首饰,他完全能够复制下来,这使他总是在别人的基础上改款变款。

  他意识到了这个问题,开启一种别人很难想象的努力方向,即练习忘。他做了大量的努力,使自己产生强烈的忘性。记忆力使他到达了学位的高峰,经过二十年,忘性让他到达创新的高峰。如今,看到一朵花,他基本不能复述下来,但是他能描绘出比这自然花形更美的线条,而且还带有这朵花原有的味道,这就是他所说的"似是而非"。因为他记不住了,短期记忆是接近零的水平。一个电话号码,他需要反复看上好几遍,输入以后再翻回去看还常常有错,这种强迫症始终存在。门锁没锁需要回去确认,灯关没关转眼就忘,这些事在生活中几乎天天发生。一个好设计素材来了,在他的脑袋中一闪而过,然后他会执笔画出很漂亮的首饰,这首饰带有素材的味道,但绝对比素材美得多。因为他记不住那个素材的具体形象,也许是因为记不住丑的部分,只留下了美,再加上他丰富想象的成分,任进作品的风格由此而生。一系列像蝴蝶一样的花,枝杈一般的字,鱼的头却拥有鸟的翅膀……还有一些难以准确形容的美好事物。

他总在思考，这些被人们看到的事物，是它真实的样子吗？纵观生物进化史，难道古生物化石里记录下来的形象就是真的吗？那些生物就长那样吗？不是的。因为许多东西是存不下来的，它的肌肉会腐烂，它的微骨骼不会存留，所以人们看到的动物和它在古生代的化石是不一样的。他有大量的参考书，来研究这些东西的发展过程，他会钻研古生物，研究地史学，想象那些生物，比如牙形虫，它们最初的生存状态。他依靠大量的知识积累，把自己的想象和一些鲜为人知的美揭露出来。比如说，他创作的"病毒"系列。

美的东西似乎总是迷惑人、伤害人的。自古就有一种说法，红颜祸水，姣好的面容成了祸害的根源。罂粟花绚烂华美，却是鸦片提取之源。颜色越绚丽、花纹越漂亮的蛇，毒性越大。为什么美会伴随着伤害？这带给任进很多思考。美是外表，美是装饰，他从理论高度上完成了美的选择和美的追求。好在珠宝没毒，珠宝的美不会害人。

知识的量、学识的高，和对事物认识的深度，使他作品中的趣味性和美结合得超乎想象。

好玩儿

好玩儿是任进挂在口头上的常用词。他确实是这么一个感觉，作品充满情趣，设计才有了意义，因为设计是要带给人们带来快乐的。著名的经济学人吴晓波是个很严肃的财经作家，他不戴首饰，任进为他设计了一支笔。笔夹是一个消瘦的维纳斯的形象。因为瘦，这个维纳斯没有丰腴的胸部。这个瘦瘦的维纳斯没有断臂，她的手捂着自己的小胸，按俗称叫作"捂小波"。这样有意思的设计，让当事人都乐不可支："我的名字还能这样玩吗？"

他还有很多非常有意思的设计。有一回，他为一名大律师设计首饰，那个人叫王二丁。他把她的名字设计成了一个吊坠，上面是拿钻石镶嵌的"王"字，王字的一竖是可以移动的，往下一挪，接到最下面的一横的位置，下方顶在了一颗小圆钻上，正好当作竖钩形成了"丁"字。三横一竖的"王"就变成了"二丁"。她说："我活了四十多岁才知道我的名字还能这么玩。"这种设计能让她不高兴吗？能让人不满意吗？

他曾给著名服装设计师郭培女士设计了一个戒指，简直就是一个高贵精美的顶针。上面有郭培的名字缩写，也有玫瑰坊的印记，下面还有一排一排的顶针的坑，仿佛在说"当一个好裁缝，好好缝衣服吧"。

他为柳传志设计的皮带扣，用半个高尔夫球做成地球，让联想 Lenovo 的符号站在半个高尔夫球上，选了柳传志最喜欢的两件事作为设计素材，一个是打高尔夫，一个是占领全世界 IT 市场。

任进的设计充满情趣，让朋友们期待满满，每次把东西送到他手里都会说："任老师，随你去设计，相信你会设计得特别好玩儿。"

路还很长

虽然任进已经做了二十多年的设计,但品牌的树立才刚刚开始。设计品牌的运作不是一个简单的设计工作所能替代的,包括了确立产品风格、建立原料供应链、市场传播推广等一系列的工作,有很多问题要解决,这真的不是一代人能够完成的。当然,如果非要问,"任进RENJIN"是不是一个品牌,现在已经是一个品牌了。是不是一个名牌?在一定范围内也算名牌。是不是一个已经拥有巨大的价值和市场感召力的世界级名牌?目前还不是。

他在工作,每年举办个人作品展以维护自己的国内大客户,每年参加一个国际顶级展来向全球宣传自己。凭设计实力,他可以参加几乎所有的国际顶级珠宝设计展,但这种推广还需要很多年。品牌的价值和感召力来源于客户对于品牌的信任,得到人的信任并不容易。他愿意坚守初心,一步步走得稳健,年复一年,持之以恒,他一直为这个"信"字在努力。时间是最好的证明,时间是唯一的检验标准,时间就是一个品牌的价值。

"柔软的力量"系列,任进 2016 年作品

参考文献

Barral X. Van Cleef & Arpels: Timeless beauty. Shanghai: The Museum of comtemporary Art, 2012.

Becker V, Hardy J. Cartier panthere. New York: Assouline Publishing, 2014.

Corett P. Verdura: The life and work of a naster jeweler. London: Thames & Hudson, 2008.

Falino J, Markowitz Y. American luxury jewels from the House of Tiffany. Woodbridge: The Antique Collectors' Club Ltd, 2009.

Loring J. Tiffany flora. New York: Harry N Abrams, 2003.

Luzzatto S. Buccella titimeless art. Milan: 5 Continents Editions, 2008.

Sanchez M Y. Cartier in the 20th century. New York: Vendome Press, 2014.

Talley A L. Harry winston. New York: Rizzoli International Publications, 2012.

Triossi A. Bvlgari 125 years of inalian magnificence. Milan: Skira Editore, 2011.

Tsoukoplou I L. Ilias Lalaounis: Microsculptures-idols of the stone age to the helix of contemporary genetics. Ahtens: The Ilias Lalaounis Jewerlry Museum, 2001.

任进. 珠宝的快乐. 北京：中国友谊出版，2015.

张燕淳. 世界珠宝设计名店. 北京：艺术家出版社，1995.